Grünes Eiweiß

Bildnachweis:

dreamstime.com/Suzanne Clements: Cover
fotolia.de: Seite 7, 23 re., 24, 26 li., Hintergrund (weißes Brett)
iStockphoto.com: Seite 10–22, 23 li., 25, 26 re., 27, 28, Illustration Weinblatt
Ulli Goschler: alle Rezeptfotos
Robert Saringer: Autorenfoto Ulli Goschler

ISBN 978-3-7088-0593-1

Copyright:	Kneipp-Verlag GmbH und Co KG
	A-1010 Wien, Lobkowitzplatz 1
	www.kneippverlag.com
	www.facebook.com/KneippVerlagWien
Autorin:	Ulli Goschler
Lektorat:	Anke Weber
Cover:	Christian Graf-Simpson
Grafik:	Linea.art, Wien
Bildbearbeitung:	Pixelstorm Litho & Digital Imaging, Wien
Druck und Bindung:	Theiss GmbH, A-9431 St. Stefan

Printed in Austria

1. Auflage, Oktober 2013

Alle Inhalte sind urheberrechtlich geschützt.

Ulli Goschler

Grünes Eiweiß

60 vegane und vegetarische Rezepte
mit Hülsenfrüchten, Pilzen,
Getreide und Nüssen

Einleitung

Weniger Fleisch – gesünder leben 6
Eine ausgewogene Ernährung ohne Fleisch 8
Hülsenfrüchte – gehaltvolle Eiweißquellen 10
Die Spitzenreiter unter den Eiweißquellen 13
Allgemeine Tipps für eine gesunde Küche 29

Vorspeisen & Suppen

Mexikanisches Omelett mit Avocadocreme 32
Gemischte Pilze mit gerösteten Pinienkernen 34
Quinoa-Salat mit getrockneten Tomaten, Kapern, Salbei und Schafskäse 35
Polentatürmchen mit Zitronen-Linsen-Creme 36
Belugalinsensalat mit Schafskäse und Kernöl 38
Räuchertofu-Spießchen mit Erdnusssauce 40
Indische Linsencremesuppe 41
Schnelle, pikante Orangen-Linsensuppe 42
Berglinsensuppe mit Pastinaken und Karotten 44
Herzhafte Kartoffel-Bohnen-Suppe 45
Erdnuss-Sojabohnen-Suppe 46
Orientalische Kichererbsen-Linsensuppe 48
Eierschwammerl-Bohnensuppe 49
Pilzcremesüppchen mit Hanfsamen 50
Erbsencremesuppe mit Räuchertofu-Croûtons 50
Erbsenschoten-Gemüsesüppchen mit Einkornreis und Kürbiskernen 51

Salate, Pestos & Aufstriche

Bohnensalat Caprese 54
Bunter Dinkelnudelsalat mit Kidneybohnen und Orangen 56
Puy-Linsen-Salat mit Wurzelgemüse und Balsamicodressing 57
Feuriger mexikanischer Bohnensalat 58
Rucola-Salat mit gebratenen Pilzen und Hanfsamen 60
Kartoffel-Bohnensalat mit Petersilienpesto und Sonnenblumenkernen 61
Linsen-Radieschen-Raita 62
Orientalischer Kichererbsenaufstrich 64
Humus-Variation mit Koriander, Chili und Limette 66
Curry-Sesam-Humus 67
Rote-Rüben-Humus 68
Humus mit Schwarzkümmel und scharfem Paprika 69
Schneller Kidneybohnen-Aufstrich mit Koriander 70
Curry-Linsen-Aufstrich 70
Emmer-Linsen-Aufstrich mit Oliven 71
Walnuss-Kräuter-Pesto auf georgische Art 72
Wildkräuter-Sonnenblumenkern-Pesto 74
Spinat-Walnuss-Pesto 76
Pikante Cashewkerncreme mit Koriander und Kokos 77

Hauptspeisen & Beilagen

Kichererbsen mit Bärlauch auf spanische Art	80
Okras mit Kichererbsen auf Sri-Lanka-Art	81
Schnelles pikantes Kichererbsen-Kokos-Curry	82
Warmer Minzspinat mit gerösteten Walnüssen	84
Cassoulet de Légumes	86
Grünes Mungbohnencurry mit Kartoffeln und Koriander	87
Linsen-Kartoffelpuffer mit Kren-Joghurt	88
Balsamico-Linsen-Püree mit gebratenem Räuchertofu	90
Linsencurry mit Tomaten	91
Gelbes Linsen-Bananen-Curry	92
Ursulas feuriges Gewürz-Linsen-Dal	94
Rote-Linsen-Gemüse-Eintopf	95
Penne mit Linsen-Tomaten-Sauce	96
Linsen auf Sri-Lanka-Art	98
Äthiopische Berbere-Linsen	99
Currylinsen mit gebratenen Bananen	100
Lasagne mit Pilzen, Spinat und Nuss-Béchamel-Sauce	102
Austernpilzsauce mit Steinpilzen und Erbsen	103
Einkornrisotto mit Shiitakepilzen, Champignons und Zitrone	104
Bohnen in Fenchel-Tomatensauce	106
Schwarzaugenbohnen-Reis mit Gemüse	108
Hirse-Bohnen-Auflauf auf mediterrane Art	110
Schwarzes Bohnenpüree mit Chili und Schafskäse	111
Quinoa-Bohnen-Laibchen	112
Orientalische Ackerbohnen-Laibchen	114
Einkorn-Walnuss-Laibchen auf cremigem Kräuterspinat	115
Dinkelspaghettini mit Avocados, Tomaten und Sonnenblumenkernen	116
Erdnuss-Wurzelgemüse-Curry	118
Basmati-Cashew-Reis	119

Desserts

Amarant-Kirsch-Creme mit Sesam	122
Bohnen-Kaffeecreme mit Whiskey	124
Einkorn-Brownies mit Walnüssen	125
Melonen-Erdbeer-Salat mit Puy-Linsen	126
Waldviertler Dinkel-Mohnnudeln	128
Quinoa-Apfel-Auflauf mit Rosinen	129
Dinkelpalatschinken mit Pinenkernen und Honig-Früchten	130

Alle Rezepte sind für 4 Personen.

Verwendete Abkürzungen:

g	Gramm
kg	Kilogramm
ml	Milliliter
cl	Zentiliter
l	Liter
ML	Mokkalöffel (Kaffeelöffel)
TL	Teelöffel
EL	Esslöffel
Msp.	Messerspitze

Weniger Fleisch – gesünder leben

Wer seinen Fleischkonsum reduziert, verbessert häufig seine Gesundheit, entlastet die Umwelt und trägt zu einer ökonomischeren und effizienteren Herstellung von Lebensmitteln bei.

In Österreich und Deutschland beträgt der durchschnittliche Fleischkonsum pro Kopf rund 60 bis 70 Kilogramm Fleisch im Jahr. Zum Vergleich: Der weltweite Verbrauch liegt durchschnittlich bei 40 Kilogramm pro Jahr, wobei in den Industrieländern derzeit noch um vieles mehr Fleisch konsumiert wird als in den Schwellen- und Entwicklungsländern. Allerdings nimmt im Zuge der wachsenden Industrialisierung auch dort die Entwicklung des Fleischkonsums rasant zu.

Weltweit hat sich der Fleischkonsum in den letzten 60 Jahren mehr als verdoppelt. Dabei achten die wenigsten Konsumentinnen und Konsumenten auf Qualität. Nach wie vor ist oft der Preis ausschlaggebend für die Kaufentscheidung. In unseren Breiten wird mehrmals wöchentlich – häufig sogar täglich – Fleisch verzehrt – und dieses dann in minderwertiger Qualität. Häufig ist zudem das Verhältnis von Fleisch zu den restlichen Komponenten einer Mahlzeit in einem offensichtlichen Ungleichgewicht. Große „Fleischbrocken" dominieren auf dem Teller, Gemüse und Getreide spielen nur eine bescheidene Nebenrolle. Fleischloses kommt in vielen Fällen nur in Form von wenig gesunden Süßspeisen oder anderen tierischen Produkten wie Käse und Milchprodukten auf den Speiseplan.

Rotes Fleisch – ungesund und unökonomisch

1992 bis 2000 wurde in einer groß angelegten europäischen Studie zur Erforschung der Zusammenhänge zwischen Ernährung und Krebs nachgewiesen, dass Menschen, die häufig rotes Fleisch konsumieren, also Schweine-, Rind-, Kalb- oder Lammfleisch essen, ein signifikant höheres Risiko haben, an Darmkrebs zu erkranken, als Vergleichsgruppen, die wenig oder kein rotes Fleisch essen.

Aber nicht nur aus medizinischen und gesundheitlichen Aspekten sollte der hohe Fleischkonsum hinterfragt werden – auch ökonomische Argumente sprechen dafür: Bei der Produktion von Fleisch wird ein Vielfaches mehr an Ressourcen benötigt als bei der Produktion von pflanzlichen Nahrungsmitteln. Weideland, Energie, Anbauflächen von Futtermitteln sowie Wasser werden in einem Ausmaß verbraucht, das jedes Grundverständnis von ökonomischem Wirtschaften außer Kraft setzt. Um ein Kilogramm Fleisch zu produzieren, werden rund sieben bis 16 Kilogramm Getreide oder Sojabohnen benötigt.

Auf jener Fläche, die für die Produktion von einem Kilogramm Fleisch erforderlich ist, könnte man im gleichen Zeitraum rund 200 Kilogramm Tomaten oder 160 Kilogramm Kartoffeln ernten. Mit diesem Beispiel klärte kürzlich die Schweizer Vereinigung für Vegetarismus berechtigterweise über das Ungleichgewicht auf, das hier sichtbar gemacht werden soll.

Mehr Verantwortung für unsere Umwelt

Wenn wir unseren Fleischkonsum nicht drastisch reduzieren, hat zusätzlich zu unserer Gesundheit und einer effizienten Ökonomie auch noch unsere Umwelt ein riesiges Problem.

Die erhöhte Methangas-Produktion, das Abholzen von Regenwäldern für die weltweite Futtermittelproduktion, zunehmende Verseuchung von Boden und Wasser durch Ammoniakdämpfe, Nitrate und Gülle, der enorme Einsatz von Chemikalien und chemischen Medikamenten wie Antibiotika in der Massentierhaltung – all dies sind Gründe, um den eigenen Fleischkonsum drastisch zu reduzieren. Nutztiere verbrauchen übrigens rund acht Prozent der weltweiten Wasserressourcen und gehören damit zu den größten Wasserverbrauchern der Welt.

Der Konsum von pflanzlichen Produkten ist nicht nur in der Produktion, sondern natürlich auch in der Anschaffung der Lebensmittel wesentlich preisgünstiger. Wer fleischlos einkauft, kann viel Geld sparen.

Immer mehr Menschen kommen zudem an einen Punkt, an dem sie das Essen von Tieren für sich in Frage stellen. Das Bewusstsein, dass in der Tierzucht nach wie vor oft brutalste und lebensverachtende Umstände herrschen, lässt mehr und mehr den Wunsch nach Alternativen für die eigene Ernährung wachsen.

Eine ausgewogene Ernährung ohne Fleisch

Immer mehr Menschen schränken ihren Fleischkonsum ein oder verzichten zur Gänze auf Fleisch, häufig sogar auf sämtliche tierische Produkte. Individuell hat das oft verschiedene Gründe: für die einen Gesundheitsvorteile, für die anderen Tierschutzgedanken oder ethische, ökologische oder ökonomische Beweggründe.

Rasch werden hier die Stimmen laut, die immer noch propagieren, dass man sich ohne Fleisch nicht gesund ernähren könne, weil die Zufuhr von lebensnotwendigen Stoffen – allen voran Proteinen – fehle. Diese Lehrmeinung wurde sogar viele Jahre auf den Universitäten und in medizinischen Kreisen propagiert.

In der Zwischenzeit weiß auch die Wissenschaft, dass dies so nicht der Realität entspricht. Ernährungswissenschafterinnen und -wissenschafter haben sich mit den Vor- und Nachteilen einer fleischhaltigen Ernährung und vor allem den gesundheitlichen Risiken eines hohen Fleischkonsums auseinandergesetzt und dabei auch eine Reihe an pflanzlichen Alternativen entdeckt.

Protein (Eiweiß)

Jede Zelle unseres Körpers enthält Protein, also Eiweiß. Damit diese Zellen laufend aufgebaut und erneuert werden können, ist die Zufuhr von essentiellen Aminosäuren und Stickstoff über Proteine notwendig. Ernährungswissenschafter beziffern die empfohlene Proteinaufnahme bei rund 0,8 Gramm pro Kilogramm Körpergewicht pro Tag für einen Erwachsenen. Kleinkinder, Schwangere und stillende Frauen haben einen höheren Proteinbedarf. Das bedeutet also für eine Person mit 70 Kilogramm eine empfohlene Proteinzufuhr von 56 Gramm pro Tag. Rund neun bis elf Prozent der zugeführten Energie soll aus Proteinen stammen.

Ein hoher Eiweißgehalt ist naturgemäß in tierischen Produkten, allen voran Fleisch, Geflügel, Fisch und Eiern, enthalten. Aber auch pflanzliche Lebensmittel enthalten jede Menge Proteine und es ist ohne Weiteres möglich, den Bedarf an Eiweiß rein über pflanzliche Produkte zu decken.

Wir haben in diesem Buch jene Lebensmittel in den Vordergrund gestellt, die einen hohen pflanzlichen Eiweißanteil haben und daher als wertvolle pflanzliche Alternative zu Fleisch oder Fisch gelten. Aber auch die Kombination verschiedener pflanzlicher Nahrungsmittel spielt eine Rolle bei der Eiweißaufnahme im Körper.

Biologische Wertigkeit

Die biologische Wertigkeit eines Lebensmittels sagt etwas darüber aus, wie effizient der Körper daraus körpereigenes Eiweiß herstellen kann. Je ähnlicher das aufgenommene Eiweiß dem körpereigenen ist, umso leichter ist das Einbauen der einzelnen Eiweißbausteine (Aminosäuren). Es ist zwar die biologische Wertigkeit einzelner Pflanzen nicht so hoch wie jene von tierischem Eiweiß (Ausnahme sind Sojaproteine), aber durch gezielte Kombination von pflanzlichen Lebensmitteln kann hier gut gegengesteuert werden. So erhöht sich beispielsweise die biologische Wertigkeit von Eiern, wenn diese gemeinsam mit Kartoffeln gegessen werden. Weitere günstige Kombinationen sind jene von Getreide gemeinsam mit Hülsenfrüchten, Sojaprodukten oder Ölsamen sowie die Kombination von Bohnen mit Mais sowie Milch mit Getreide.

Weitere wichtige Nährstoffe bei vegetarischer Ernährung

Eisen

Eisen kommt in höheren Dosen in Hülsenfrüchten wie Linsen, Mungbohnen, Sojabohnen, Kichererbsen, Bohnen, Sojaprodukten (z. B. Tofu), Ölsamen, Vollkorngetreide, Naturreis, Amarant, Quinoa, Nüssen und diversen Gemüsesorten wie Rucola, Fenchel, Feldsalat, Spinat, Portulak, grünen Erbsen und Zucchini sowie in getrocknetem Obst wie Pfirsichen, Marillen und Datteln vor. Um die Aufnahme von pflanzlichem Eisen zu erhöhen, ist es u. a. hilfreich, diese Nahrungsmittel mit Vitamin C (z. B. mit Zitronen-, Apfel-, Weinsäure) sowie Milchsäure (enthalten beispielsweise in Sauerkraut) zu kombinieren.

Jod

Jod spielt u. a. für das Funktionieren des Schilddrüsenstoffwechsels eine wichtige Rolle. Da in unseren Breiten Speisesalz – und somit viele Lebensmittel und Fertigprodukte – mit Jod angereichert sind, ist eine zusätzliche Jodaufnahme umstritten. Jod ist in sehr hohen Mengen in Meerestieren, Fischen und allen voran Meeresalgen, die man im Reformhaus oder Bioladen bekommt, enthalten. Weitere Jodquellen sind Milch und Milchprodukte, Käse, Gemüse, Pilze und Hülsenfrüchte. Wer also mit unjodiertem Salz würzt und wenig fertig gewürzte Speisen zu sich nimmt, sollte seinen Jodbedarf auf diese Weise zuführen.

Kalzium

Ausreichend Kalzium ist wichtig für gesunde Knochen und Zähne. Neben Milchprodukten – allen voran Parmesan und Emmentaler – hat Sesam den höchsten Kalziumgehalt unter den pflanzlichen Lebensmitteln. Gute pflanzliche Kalziumquellen sind zudem Mandeln, Haselnüsse, Amarant, Quinoa, Grünkohl, Feigen, Spinat, Mangold, Lauch, Brokkoli, Kichererbsen und Tofu.

Omega-3- und Omega-6-Fettsäuren

Diese Fettsäuren sind lebensnotwendige Fettsäuren, die an wesentlichen Stoffwechselprozessen maßgeblich beteiligt sind. Wichtig ist, sie dem Körper im richtigen Verhältnis zueinander zuzuführen. Unter den pflanzlichen Lebensmitteln können hier vor allem Walnüsse punkten sowie diverse hochwertige und kalt gepresste Pflanzenöle wie Leinöl, Hanföl, Walnussöl oder Olivenöl und Mikroalgen.

Vitamin B_2 (Riboflavin)

Riboflavin ist in zahlreichen pflanzlichen wie tierischen Lebensmitteln enthalten, allen voran in Rinderleber, Kalbsnieren, Milch und Milchprodukten. Aber auch in Mandeln, Champignons, Steinpilzen, Kürbiskernen, Erbsen, „Sojafleisch", Linsen, Pinienkernen, Haselnüssen, Brokkoli, Hafer, Weizenvollkornmehl und Avocados ist das wertvolle Riboflavin enthalten. Vitamin B_2 ist sehr lichtempfindlich, aber nicht hitzeempfindlich und schlecht wasserlöslich. Daher bleibt es auch beim Kochen weitgehend erhalten.

Vitamin D

Vitamin D wird teilweise mithilfe der Sonneneinstrahlung vom Körper selbst gebildet und teilweise über die Nahrung zugeführt. Es ist nur in wenigen Lebensmitteln enthalten – allen voran in fettem Fisch. In pflanzlichen Lebensmitteln sind hier Pilze die geeignetste Quelle. Steinpilze, Eierschwammerln (Pfifferlinge), Austernpilze oder Champignons enthalten viel Vitamin D und sollten daher regelmäßig auf unserem Speiseplan stehen.

Zink

Pflanzliche Lebensmittel mit hohem Zinkgehalt sind Kürbiskerne, getrocknete Sojabohnen, Haferflocken, Linsen, Erdnüsse, Hirse, Buchweizen, Naturreis, Roggen, Paranüsse und Steinpilze.

Hülsenfrüchte – gehaltvolle Eiweißquellen

Eine der wertvollsten Quellen von pflanzlichem Eiweiß sind Hülsenfrüchte. Sie erzielen große Erträge auf kleinen Anbauflächen und sind daher auch wirtschaftlich ein interessantes Gemüse. Hülsenfrüchte bestehen aus komplexen Kohlenhydraten, die den Blutzuckerspiegel nicht stark ansteigen lassen. Daher sind sie sowohl gegen Diabetes mellitus als auch gegen Übergewicht eine gute Vorsorge.

Tipps für die Zubereitung von Hülsenfrüchten

Wir haben im Rezeptteil sowohl mit getrockneten als auch mit bereits vorgegarten Produkten gearbeitet. Manchmal fehlt in einem hektischen Arbeitsalltag die Zeit, um so lange im Voraus eine Mahlzeit zu planen. Naturgemäß ist Dosenware nicht die wertvollste Form der Nahrungsmittel. Beschichtungen in den Dosen sorgen immer wieder für Kritik, was die gesundheitlichen Auswirkungen betrifft. Reformhäuser und Bioläden bieten aus diesem Grund bereits eine Vielzahl an vorgegarten Hülsenfrüchten in Gläsern an. Wenn es einmal schnell gehen muss, sind diese Produkte eine willkommene Alternative.

Bei sämtlichen Hülsenfrüchten ist auf trockene Lagerung zu achten. Zudem ist es erforderlich, getrocknete Hülsenfrüchte über Nacht einzuweichen und das Einweichwasser abzugießen. Auch das Kochwasser sollte möglichst nicht verwendet werden, um die blähende Wirkung zu verringern. Linsen, Bohnen und Kichererbsen können nach dem Verzehr unangenehme Blähungen verursachen. Wer häufiger Hülsenfrüchte isst, verträgt sie meist auch besser.

Hilfreiche Kräuter und Gewürze

Um der blähenden Wirkung von Hülsenfrüchten gegenzusteuern, gibt es eine Vielzahl an Kräutern und Gewürzen: Anis, Bohnenkraut, Fenchel, Ingwer, Kreuzkümmel, Kümmel, Lorbeer, Pfefferminze. Weitere Gewürze, die die Verdaulichkeit von Hülsenfrüchten erhöhen können, sind Senfsamen, Rosmarin, Koriander, Kurkuma, Thymian, Muskatnuss, Pfeffer und Zimt.

Bohnenkraut

Allgemeine Tipps zum Kochen von Hülsenfrüchten

Achtung: Hülsenfrüchte quellen auf!

Wenn Sie getrocknete Hülsenfrüchte einweichen, saugen sich diese mit Wasser an und nehmen an Volumen zu. Achten Sie daher beim Einweichen und auch beim Kochen darauf, dass das Einweich- und Kochgefäß groß genug ist und auch im aufgequollenen Zustand alles Platz hat. Grob geschätzt verdoppeln gekochte Hülsenfrüchte ihr getrocknetes Gewicht beim Kochen (stimmt nicht immer grammgenau, ist aber in fast allen Fällen eine gute Grundregel beim Ersetzen von Produkten). Wenn Sie also in einem Rezept 100 Gramm getrocknete Hülsenfrüchte vorfinden, können Sie diese durch 200 Gramm ersetzen, wenn Sie bereits gekochte Produkte aus der Dose bzw. einem Glas verwenden. Sind im Rezept 100 Gramm gekochte Hülsenfrüchte angegeben, so halbieren Sie das Gewicht, wenn Sie mit getrockneten arbeiten möchten – in diesem Beispiel also auf 50 Gramm getrocknete Hülsenfrüchte.

Kochzeiten und Wassermengen variieren

Die Garzeiten und benötigten Wassermengen variieren beim Kochen von Hülsenfrüchten – je nachdem, wie lange diese lagern und wie viel Feuchtigkeit in den Samen selbst noch enthalten ist. Die Anleitungen auf den Packungen können daher immer wieder von den tatsächlichen Kochzeiten und benötigten Flüssigkeitsmengen stark abweichen. Zudem verdampft unterschiedlich viel Wasser, je nachdem mit wie viel Hitze Sie kochen und ob Sie die Hülsenfrüchte zudecken oder nicht. Kalkhaltiges Wasser lässt Hülsenfrüchte übrigens wesentlich schlechter gar werden. Kochzeiten und Wassermengen können auch aus diesem Grund variieren. Ich empfehle Ihnen daher, immer wieder zu probieren und nötigenfalls die verwendeten Wassermengen als auch die Kochzeiten anzupassen, wenn Sie feststellen, dass die Hülsenfrüchte nach der angegebenen Kochzeit noch nicht gar sind. Nicht fertig gegarte Hülsenfrüchte sollten Sie nicht verzehren. Sie sind schwer verdaulich und können Blähungen und Bauchschmerzen verursachen.

Kochen mit Dampf und Druck

Wer einen Druckkochtopf besitzt, kann Hülsenfrüchte auch gut darin zubereiten. Dies spart Zeit und gart über Dampf und Druck auf schonende Art. Füllen Sie den Topf aber nur halbvoll, damit die aufgequollenen Hülsenfrüchte und der entstehende Schaum nicht das Volumen Ihres Topfes sprengen. Auch ein Dampfgargerät ist eine gute Möglichkeit, um Hülsenfrüchte zu garen. Die Kochzeiten in klassischen Dampfgargeräten – also jene, die ohne Druck arbeiten – sind jedoch nicht verkürzt.

Schaum entfernen

Beim Kochen von Bohnen, Erbsen, Kichererbsen oder Linsen bildet sich häufig ein unappetitlicher Schaum. Schöpfen sie diesen mit einer Schaumkelle während des Kochvorgangs immer wieder ab. Durch die Beigabe von einem Löffel Öl kann die Schaumbildung eingedämmt werden – die Kochzeit verlängert sich jedoch.

Salzen

Hülsenfrüchte sollten erst gesalzen werden, wenn sie weich sind. Bedenken Sie, dass auch in fertig gekaufter Suppenwürze reichlich Salz enthalten ist.

Die Spitzenreiter unter den Eiweißquellen

Bohnen

Bohnen sind runde, nierenförmige, zum Teil längliche Samen verschiedener Hülsenfrüchte. Fallweise werden diese auch vor ihrer vollständigen Ausreifung gegessen, als sogenannte „Grüne Bohnen" oder „Fisolen", wie sie in Österreich auch bezeichnet werden. Der Eiweißgehalt der ausgereiften Samen ist jedoch um ein Vielfaches höher als jener des grünen Gemüses.

Bohnen sind sehr nahrhaft – nach dem Genuss eines Bohnengerichtes hat wohl kaum jemand noch Hunger. Bohnen haben einen enorm hohen Eiweißgehalt – im Schnitt liegt er zwischen 20 und 25 Prozent. Das schwankt je nach Sorte, die Sojabohne hat sogar rund 50 Prozent.

Abgesehen von dem vielen wertvollen Eiweiß enthalten Bohnen einen hohen Anteil an Ballaststoffen, die für eine gute Verdauung wesentlich sind. Sie sind ein guter Folsäurelieferant und sorgen daher für ein gesundes Blutbild. Zudem zählen sie zu den besten pflanzlichen Eisenlieferanten und als wertvolle Quelle für Niacin und Pantothensäure, was unserer Haut einen guten Dienst erweisen kann.

Regelmäßiger Bohnenkonsum kann helfen, den Cholesterinspiegel zu reduzieren. Auch Darmerkrankungen und Verstopfung kann so vorgebeugt werden. Der geringe Natrium- und der hohe Kaliumgehalt machen Bohnen zu einem wertvollen Lebensmittel für Menschen mit Bluthochdruck.

Getrocknete Bohnen sollten über Nacht eingeweicht werden, damit sich die Kochzeit verringert und die Bohnen auch für unsere Verdauung bekömmlicher werden. Um die biologische Wertigkeit des Bohneneiweiß zu erhöhen, kombiniert man sie gerne mit Kartoffeln und Getreide.

Achtung: Bohnen dürfen nicht roh gegessen werden, da die reichlich enthaltene Stickstoffverbindung Phasin enthalten ist, die zu Vergiftungserscheinungen führen kann. Durch das Kochen der Bohnen wird diese allerdings zerstört, daher ist der Verzehr von gekochten Bohnen völlig unbedenklich.

Ackerbohnen

Die Ackerbohne wird auch Saubohne, Fava-Bohne, Dicke Bohne, Pferdebohne oder Puffbohne genannt. Frühe Formen der Ackerbohne fand man in Ausgrabungen in der Nähe von Nazareth in Israel, die bis in den Zeitraum von 6800 bis 6000 vor Christus zurückreichen. Im Mittelalter wurde die Bohne durch die hohen Ernteerträge überhaupt eines der bedeutendsten Nahrungsmittel. Ab dem 17. Jahrhundert wurde der Anbau in Europa dann durch die amerikanischen Formen von Feuerbohnen und Gartenbohnen zurückgedrängt. Heute wird die Ackerbohne im großen Stil als wertvolles Futtermittel für die Viehwirtschaft angebaut. In der orientalischen Küche wird sie auch heute noch in der Küche gerne zum Einsatz gebracht – auch wir haben in einem unserer Rezepte darauf Bezug genommen.

Ackerbohnen

Käferbohnen und Riesenbohnen

Die Käferbohne – heute eine steirische Spezialität – wurde ursprünglich in Amerika angebaut. Sie kam im 17. Jahrhundert nach Europa. Die rankende und krautige Pflanze kann über fünf Meter hoch werden und ihren leuchtend roten Blüten verdankt sie auch ihren Namen „Feuerbohne". Aufgrund ihres ästhetischen Aussehens wird sie in Europa auch häufig als Zierpflanze kultiviert. Käferbohnen enthalten rund zehn Prozent Eiweiß.

Eine griechische Variante der Feuerbohne ist die sogenannte Riesenbohne. Diese blüht weiß; ihre Früchte sind weiß und hellbraun und rund 2,5 Zentimeter lang. Sie spielt in der griechischen Küche eine bedeutende Rolle.

Azukibohnen

Die Azukibohne ist eine rotebraune Bohne, die vorrangig in Asien angebaut wird und in tropischem Klima wächst. Sie enthält rund 20 Prozent Eiweiß sowie reichhaltig Spurenelemente und Mineralien wie Phosphor, Eisen, Kalzium und die Vitamine A, B_1, B_2, C und Niacin. Aus Sicht der Traditionellen Chinesischen Medizin wirkt sie trocknend und wird verwendet, um Feuchtigkeit aus dem Körper auszuleiten.

Mungbohnen

Mungbohnen sind vor allem in Indien heimisch und bilden einen fixen Bestandteil der ayurvedischen Küche. Sie sind wesentlich leichter verdaulich als viele andere Bohnen und verursachen keine Blähungen. Aus ihren Samen werden gerne Sprossen gezogen, die in unseren Breiten häufig als „Sojasprossen" bezeichnet werden. Mungbohnen haben einen relativ hohen Eiweißanteil, nämlich rund 24 Prozent. Sie enthalten die Vitamine A, B_1, B_{12}, Niacin, C und E sowie viel Kalium, Phosphor, Eisen, Magnesium und Kalzium.

Indianerbohne

Indianerbohnen sind dunkelrot und werden auch Kidneybohnen oder rote Bohnen genannt. Sie enthalten rund 23 Prozent Eiweiß und sind in der (süd-)amerikanischen Küche ein fixer Bestandteil. Sie enthalten Folsäure, Eisen, Mangan und Magnesium und wie alle anderen Bohnen auch jede Menge Ballaststoffe, die unserer Verdauung sehr zuträglich sind. Ihr hoher Anteil an Vitamin B_1 kann uns helfen, Krankheiten wie Alzheimer und Demenz vorzubeugen. Rote Bohnen sind im Handel häufig auch vorgegart in Dosen oder im Glas erhältlich und daher eine gute Wahl, wenn es einmal schnell gehen soll. Ihr süßlicher Geschmack ist kulinarisch besonders attraktiv. Sie macht sich gut in Salaten, Suppen, Eintöpfen, Aufstrichen und

Azukibohnen

Aufläufen und darf natürlich im klassischen Chili – auch ohne „carne", also ohne Fleisch – nicht fehlen.

Augenbohnen

Augenbohnen – oder „Schwarzaugenbohnen" genannt – kommen ursprünglich aus Afrika und werden heute auch in den USA, Süd- und Mittelamerika und Asien angebaut. Der Anbau in Westafrika reicht über 4000 Jahre zurück. Sie enthalten rund 25 Prozent Eiweiß und die Vitamine Thiamin, Riboflavin und Niacin. Im süd- und mittelamerikanischen Raum werden sie gerne mit Reis kombiniert gekocht.

Augenbohnen

Schwarze Bohnen

Eine in Amerika und der Karibik weit verbreitete Bohne ist die schwarze Bohne. Sie wird gerne zu Pürees, Suppen oder Eintöpfen verarbeitet und hat ein charakteristisches, süßes Aroma. Ich habe sie aus persönlicher Sentimentalität als eine Abwandlung der in Mexiko allgegenwärtigen „Frijoles negros" in diesem Buch als „Schwarzes Bohnenpüree" verewigt. Die tiefschwarz-violette Farbe, die beim Kochen der Bohne entsteht, kann zudem farbliche Akzente auf Ihren Teller bringen.

Sojabohnen

Die Sojabohne wurde erstmals rund 1700 vor Christus in Nordostchina angebaut. Sie nimmt mit ihrem hohen Eiweißanteil einen Sonderstatus unter den pflanzlichen Proteinquellen ein: Sojabohnen enthalten rund 38 Prozent Eiweiß. Reife und getrocknete Sojabohnen enthalten sogar bis zu 50 Prozent Eiweiß. Der größte Teil des weltweit angebauten Sojas wird zur Produktion von Sojaöl sowie von Futtermitteln verarbeitet. Sonst werden daraus Lebensmittel wie Tofu, Sojasauce, Sojamilch und Sojajoghurt hergestellt. In fermentierter Form kommt Soja u. a. auch als Miso und Tempeh auf den Markt. Aus Sicht der Traditionellen Chinesischen Medizin haben Soja bzw. Sojaprodukte wie Tofu und Sojamilch eine kühlende und befeuchtende Wirkung und werden daher bei Menschen mit Schleimproblematiken als kritisch betrachtet.

Sojasprossen

Im deutschsprachigen Raum findet man häufig „Sojasprossen" im Handel, die eigentlich Mungbohnensprossen sind. Wenn man die Sprossen selbst zieht (die Samen keimen lässt), geht man sicher, „echte" Sojasprossen zu kultivieren. In der chinesischen und koreanischen Küche werden meist echte Sojasprossen verwendet.

Schwarze Bohnen

Linsen

Linsen gehören botanisch zur Unterfamilie der Schmetterlingsblütler und kommen in vielfältigen Arten vor. Sie zeichnen sich durch eine ideale Nährstoffkombination aus pflanzlichem Eiweiß, Kohlenhydraten und geringem Fettgehalt aus. Zudem enthalten sie viel Mineralstoffe und Vitamine, vor allem wertvolle B-Vitamine. Diese unterstützen gute Nerven und Gehirnzellen. Weiteres enthalten Linsen Niacin, Kalium, Eisen und Phosphor.

Ihr geringer Natriumgehalt und hoher Kaliumwert macht sie ideal für eine kochsalzarme Ernährung – und daher für Menschen mit Bluthochdruck. Zugleich sind sie sehr sättigend und ihre Schale enthält viele Ballaststoffe – die für eine gesunde Verdauung sorgen.

Nicht alle Linsensorten müssen vor dem Kochen eingeweicht werden. Das Einweichen verkürzt jedoch die Garzeit und kann auch Blähstoffe reduzieren. Geschälte Linsen schmecken milder und sind leichter verdaulich. Um die manchmal blähende Wirkung abzumildern, ist es wichtig, die Linsen ausreichend zu kochen und reichlich blähungshemmende Kräuter und Gewürze zu verwenden.

In der chinesischen Ernährungslehre werden Linsen gerne verwendet, um das „Qi", also unsere universelle Lebensenergie, zu stärken. Diese Energie sitzt u. a. in den Nieren, und diese können durch Hülsenfrüchte und speziell durch schwarze Lebensmittel – wie z. B. Belugalinsen – gestärkt werden.

Kulinarisch harmonieren Linsen sehr gut mit etwas Säure, daher haben wir in vielen unserer Linsenrezepte Essig oder Zitrone beigefügt. Zudem macht die Säure die Hülsenfrucht auch etwas bekömmlicher.

Achtung: Linsen haben eine hohen Puringehalt. Daher sollten jene Menschen, die einen hohen Harnsäurespiegel haben und zu Gicht neigen, Linsen – genauso wie Bohnen oder Fleisch – nur in Maßen konsumieren.

Belugalinsen

Belugalinsen

Belugalinsen – oder auch Kaviarlinsen genannt – stammen ursprünglich aus Nordamerika, meist aus Kanada. In der Zwischenzeit werden sie aber auch in unseren Breiten kultiviert und es empfiehlt sich, nach regionalen Produkten Ausschau zu halten. Sie weisen nicht nur optisch, sondern auch geschmacklich eine Besonderheit auf. Belugalinsen enthalten rund 26 Prozent Eiweiß. Sie brauchen nur ca. 20 Minuten Garzeit. Sie zerfallen nicht und bleiben körnig und bissfest. Ihre tiefschwarze Farbe macht sie auch optisch zu einem interessanten Akzent am Teller.

Braune Tellerlinsen

Braune Tellerlinsen sind größer als viele andere Linsensorten und enthalten im Verhältnis zur Schale wesentlich mehr Stärke als kleinere Linsen. Daher werden sie gerne für Eintöpfe verwendet. Sie gehören zu den beliebtesten und am meisten verbreiteten Linsensorten und sind in sämtlichen Formen – also getrocknet, aber auch vorgegart in Dosen oder im Glas – nahezu überall erhältlich. Neben Eintöpfen sind sie auch für Bratlinge, Aufläufe und zum Keimen, also Herstellen von Linsensprossen, gut geeignet. Braune Tellerlinsen enthalten je nach Sorte rund 23 Prozent Eiweiß.

Rote Linsen

Rote Linsen sind sehr kleine Linsen, die eine enorm kurze Garzeit aufweisen. Die Kochzeit beträgt je nach Sorte nur rund zehn bis 15 Minuten. Sie sind meist geschält im Handel erhältlich. Beim Kochen verfärben sie sich und bekommen eine gelbliche Farbe. Sie zerfallen rasch und werden beim Kochen breiig. Daher werden sie sehr gerne für Suppen, Aufstriche und sämige Linsenpürees verwendet. Die türkische, orientalische und indische Küche zählt sie zu einem fixen Bestandteil. Ihr Geschmack ist mild und delikat. Der Eiweißgehalt liegt bei rund 26 Prozent.

Rote Linsen

Gelbe Linsen

Gelbe Linsen sind geschälte, kleine Linsen, die binnen zehn Minuten zerfallen und zu Brei verkochen. Sie eignen sich daher für Suppen, Breie und Aufstriche.

Weiße Linsen

Weiße Linsen erhalten Sie im Asialaden oder Reformhaus. Sie haben eine weiß-beige Farbe, sind sehr klein und glatt. Die Kochzeit beträgt nur rund zehn bis 15 Minuten.

Puy-Linsen

Puy-Linsen kommen aus Frankreich, sind klein, fest, grünblau und haben ein intensives Aroma, das süßlich und nach Nüssen schmeckt. Sie gelten als eine der besten Linsensorten und werden in der Spitzengastronomie besonders gerne zum Einsatz gebracht. Ihre Kochdauer beträgt rund 20 Minuten.

Berglinsen

Berglinsen kommen häufig aus der Türkei oder Italien. Sie ähneln den braunen Linsen, sind aber eine Spur kleiner, delikater und fester. Sie eignen sich gut für herzhafte Aufläufe und Eintöpfe. Auch zum Keimen für Sprossen werden sie gerne verwendet.

Château-Linsen

Diese rötlich-braunen, leicht mehligen Linsen wurden erstmals in der französischen Champagne angebaut, daher auch der inoffizielle Name „Champagner-Linsen". Sie haben ein sehr feines Aroma und eigenen sich besonders gut für Aufstriche und Sprossen.

Puy-Linsen

Erbsen

Erbsen gehören ebenfalls zu den Hülsenfrüchten und sind Pflanzen aus der Unterfamilie der Schmetterlingsblütler. Sie wachsen bereits seit rund 9000 Jahren und waren immer schon ein wichtiger Eiweißlieferant für die Ernährung von Mensch und Tier.

Reife Erbsen enthalten rund 20 bis 25 Prozent Eiweiß sowie jede Menge Kohlenhydrate, Ballaststoffe und Mineralstoffe wie Kalzium, Phosphor, Natrium, Kalium, Magnesium, Eisen, Zink, Mangan und Kupfer. Sie sind eine gute Wahl für Diabetiker, da sie auch den Blutzucker- und den LDL-Cholesterin-Spiegel geringfügig senken können. Sie werden in der Krebs- und Aidstherapie verwendet, weil sie Entzündungen lindern können.

Zuckererbsen – oder auch Kaiserschoten genannt – gehören zu einer besonderen Erbsenart, die eine weiche Haut aufweist, die beim Kochen nicht zäh wird. Sie werden in der asiatischen und gehobenen Küche gerne noch unreif, also ohne ausgewachsene Früchte, zum Einsatz gebracht.

Erbsen werden im Handel hauptsächlich tiefgefroren, in Dosen, im Glas und getrocknet angeboten. Frisch erhält man sie selten, da sie nicht gut lagerfähig sind. Wer einen eigenen Garten hat, kommt auch in den Genuss, ganz frische Erbsen zu verzehren.

Kichererbsen

Auch die Kichererbse gehört zur Familie der Schmetterlingsblütler und wird auch Venuskicher, Echte Kicher, Römische Kicher oder Felderbse genannt. Sie ist nicht mit der Erbse verwandt. In Kleinasien wurde die Kichererbse bereits vor rund 8000 Jahren angebaut. Hildegard von Bingen empfahl bereits im 12. Jahrhundert die Kichererbse als leichte und bekömmliche Kost sowie zum Senken von Fieber. Auch Hieronymus Bock – ein deutscher Botaniker des 15. Jahrhunderts – empfahl die Kichererbse als Medizin. Rohe Kichererbsen enthalten unverdauliches, giftiges Phasin sowie den Bitterstoff Saponin. Daher muss man die Hülsenfrüchte unbedingt einweichen und das Einweichwasser am besten einmal wechseln und vor dem Kochen abgießen. Kichererbsen enthalten einen hohen Eiweißgehalt, nämlich rund 20 Prozent. Zudem jede Menge Ballaststoffe sowie Vitamine B_1, B_6, Folsäure, Magnesium, Eisen, Kalzium und Zink. Sie sind in der arabischen, mexikanischen, südspanischen und in der indischen Küche nicht wegzudenken. Kulinarisch interessant sind sie in Form von Suppen, Laibchen, Aufstrichen, Eintöpfen oder in Kombination mit Gemüse wie Spinat oder Bärlauch. In unseren Breiten finden wir sie auch bereits vorgekocht in Dosen oder Gläsern oder getrocknet im Handel. Die Kochzeit von eingeweichten, getrockneten Kichererbsen kann rund 90 Minuten betragen.

Erdnüsse

Die Erdnuss ist botanisch keine Nuss, sondern gehört ebenso wie Erbsen, Linsen und Bohnen zur Familie der Hülsenfrüchte. Sie weist jedoch auch einige Gemeinsamkeiten mit Nüssen auf wie beispielsweise einen hohen Fettgehalt und niedrigen Anteil an Stärke. Erdnüsse sind – anders als viele andere Hülsenfrüchte – auch roh essbar.

Die Erdnuss hat einen Eiweißgehalt von rund 23 bis 24 Prozent sowie fast 50 Prozent Fett. An Mineralien enthält sie u. a. Kalium, Phosphor, Kalzium, Magnesium, Zink, Eisen, Kupfer und Selen. Sie beinhaltet die Vitamine B_1, B_2, B_3, B_5, B_6, Folsäure sowie Vitamin E.

Vorsicht ist geboten für Allergiker – das allergene Potenzial der Erdnuss ist relativ hoch und kann bei gefährdeten Personen bis zum lebensbedrohlichen anaphylaktischen Schock gehen.

Pilze

Pilze sind in vielfacher Hinsicht faszinierende Gewächse und gehören möglicherweise zu den ältesten Nahrungsmitteln der Menschheitsgeschichte. Es wird vermutet, dass bereits vor 30 000 Jahren Pilze gegessen wurden.

Die Verwirrung mit dem Eiweißgehalt in Pilzen

Pilze werden häufig auch „Fleisch des Waldes" genannt – weil man bei ihnen von einem hohen Eiweißgehalt ausgeht. Dieser bezieht sich allerdings auf den Trockenwert von Pilzen – und ist aus diesem Grund so hoch, wie beispielsweise 29 bis 43 Prozent beim Kulturchampignon, 21 bis 43 Prozent beim Austernpilz und 18 Prozent beim Steinpilz. Nun bestehen aber frische Pilze aus 88 bis 92 Prozent Wasser – und nur acht bis zwölf Prozent aus der eiweißreichen Trockensubstanz. Dies relativiert den tatsächlichen Anteil in einer Portion von 100 Gramm frischen Speisepilzen auf nur drei bis vier Prozent des täglichen empfohlenen Tagesbedarfes an Eiweiß.

Die biologische Wertigkeit der Pilze fällt unterschiedlich aus – so wird die biologische Wertigkeit des Austernpilzes bei 49 Punkten angesetzt, jene des Kulturchampignons aber bereits bei 90. Referenzwert ist hier immer das Eiprotein, dem ein Wert von 100 zugeordnet wird. Einige Ernährungsexpertinnen und -experten empfehlen daher, Pilze als Beikost zu Gemüse und Salaten zu verzehren und so die biologische Wertigkeit gut zu ergänzen.

Der am besten verwertbare Eiweißanteil sitzt übrigens zumeist im Hut, der Stamm beinhaltet häufig weniger verwertbares Protein. Vor allem für vegetarisch lebende Menschen sind Pilze eine wertvolle Vitamin-D-Quelle. Pilze helfen somit bei der Knorpel- und Knochenbildung, regulieren den Kalzium-Stoffwechsel und gelten als immunstärkend und herzstärkend. Im Gegensatz zu Bohnen und Linsen haben Pilze einen sehr niedrigen Puringehalt und sind daher auch für Menschen mit Gicht eine gute fleischlose Alternative im täglichen Speiseplan. Pilze bestehen aus anderen Kohlenhydraten, als sie sonst in Pflanzen enthalten sind. Die als Mannit bezeichnete Stärke wird vom Körper wesentlich langsamer aufgenommen und verstoffwechselt. Dadurch entstehen keine Spitzen in der Blutzuckerkurve, was sie interessant für Diabetiker macht.

Aufgrund des hohen Wasseranteils und des niedrigen Kaloriengehaltes sind Pilze auch eine willkommene Zutat in einer schlanken und kalorienreduzierten Küche. Sie sind sehr sättigend und aufgrund des hohen Ballaststoffgehaltes ein unverzichtbarer Regulator für eine gesunde Verdauung und damit eine effiziente Hilfe beim Abnehmen.

Neben allen gesundheitlichen Aspekten stellen Pilze eine äußerst geschmackvolle pflanzliche Eiweißquelle dar. Verwenden Sie getrocknete Pilze zum Aromatisieren und Würzen Ihrer vegetarischen oder veganen Suppen, Saucen und Eintöpfe – so kommt gleich wieder eine Extraportion Eiweiß mit in den Kochtopf.

Getreide mit hohem Eiweißgehalt

In einer gesundheitsbewussten und vegetarischen Küche dürfen Getreide und sogenannte Pseudogetreide wie Quinoa nicht fehlen. Zudem finden wir auch in der Getreideküche eine Menge Nahrungsmittel, die einen hohen Proteingehalt aufweisen und sich daher gut als „Grünes Eiweiß" eignen.

Quinoa

Quinoa, auch Inkareis, Andenreis, Reismelde oder Reisspinat genannt, gehört zur botanischen Familie der Fuchsschwanzgewächse und ist damit mit Spinat und Roten Rüben verwandt. Sie weist einen hohen Eiweißgehalt – nämlich rund 14 bis 15 Prozent – auf. Da sie kein Kleber-

eiweiß enthält, ist das sogenannte Pseudogetreide auch gut für Menschen mit Glutenunverträglichkeit verwendbar. Quinoa enthält neben Eiweiß, Kohlenhydraten und jeder Menge Ballaststoffen auch eine Reihe an wertvollen Mineralstoffen wie Kalium, Phosphor, Magnesium, Kalzium,

Eisen und Zink sowie die Vitamine B_1 und B_3. Im täglichen Speiseplan integriert stellt Quinoa ein rasch und einfach zu verarbeitendes Getreide dar, das sich hervorragend für Laibchen, Salate, Suppen und Aufläufe eignet.

Amarant

Amarant – auch Inkaweizen oder Fuchsschwanz genannt – gehört zu den Fuchsschwanzgewächsen und somit ebenfalls zu den Pseudogetreiden. Die Kulturpflanze zählt zu den ältesten Nutzpflanzen der Menschheitsgeschichte. In rund 9000 Jahre alten mexikanischen Gräbern wurde dieses Getreide bereits gefunden. Amarant enthält kein Klebereiweiß, er ist also glutenfrei. Bemerkenswert ist sein hoher Eiweißgehalt von rund 14 bis 18 Prozent. Die biologische Wertigkeit übertrifft sogar jene von Fisch mit einem Wert von rund 75. Zudem verfügt er über jede Menge Eisen, Kalzium, Magnesium und Zink, Ballaststoffe und viele, wertvolle ungesättigte Fettsäuren. Aufgrund seiner ernährungsphysiologischen Eigenschaften wird er gerne der Babynahrung zugefügt. Er wird häufig in Breien und Müslis verarbeitet und auch in gepoppter Form im Bioladen oder Reformhaus angeboten.

Amarant

Hirse

Hirse ist ein besonders nährstoffreiches und wertvolles Lebensmittel. Es kann mit einem hohen Mineralstoffgehalt auftrumpfen und zählt zu den basenbildenden Getreidesorten. Vor allem ihr Kieselsäuregehalt ist bemerkenswert. Kieselsäure festigt Haare, Nägel und Bindegewebe und somit kann Hirse nicht nur zu guter Gesundheit, sondern auch zu besserem Aussehen beitragen. Ein weiterer Pluspunkt ist der Eisengehalt von Hirse, der sie daher zu einer wertvollen Eisenquelle für vegetarisch lebende Menschen macht. Als glutenfreies Getreide ist Hirse auch für Menschen mit Glutenunverträglichkeit eine willkommene und schmackhafte Alternative. Hirse enthält rund zwölf Prozent Eiweiß und eignet sich für schmackhafte Suppen, Breie, warme Salate und Laibchen.

Hafer

Hafer gehört zur botanischen Familie der echten Süßgräser und wurde bereits vor rund 4000 Jahren von den Germanen und Kelten kultiviert. In Nord- und Mitteleuropa war er fast 2000 Jahre lange eine der wichtigsten Nährstoffquellen breiter Teile der Bevölkerung. Er enthält wie alle Getreidearten jede Menge gesunde Ballaststoffe. Sein bemerkenswerter Eiweißgehalt liegt bei rund 13 bis 14 Prozent – je nach Verarbeitungsart. Auch hochwertige und ungesättigte Fettsäuren und jede Menge Vitamine, Spurenelemente und Mineralien wie Magnesium, Eisen, Phosphor, Kupfer, Zink und Mangan machen den Hafer zu einem wertvollen Nahrungsmittel. Hafer wird vorzugsweise in Form von Haferflocken verwendet. Zum Backen eignet sich Hafer vor allem in Kombination mit anderen Getreiden, da er selbst kein Klebereiweiß enthält. Dadurch ist er allerdings wieder für Glutenallergiker eine gute und gesunde Alternative.

Dinkel

Dinkel ist ein sehr robustes und genügsames Getreide und gedeiht daher auch in klimatisch raueren Gegenden und auf kargen Böden. Er benötigt kaum Düngung und ist da-

Einleitung • **Grünes** Eiweiß 23

Dinkel

her vor allem in der biologischen Landwirtschaft sehr beliebt. Dinkel wird heute wieder vermehrt in der Schweiz, in Schwaben, im österreichischen Alpenraum und im Waldviertel angebaut. Die Verwendung und der Gesundheitswert von Dinkel haben durch die Verbreitung der Lehren von Hildegard von Bingen, der heilkundigen Äbtissin und ersten weiblichen Ärztin aus dem 12. Jahrhundert, enorm an Bedeutung gewonnen. Dinkel wurde aber wie Einkorn und Emmer von der Kultivierung von Weichweizen nahezu verdrängt. Erst in den letzten Jahren erfährt er wieder einen Aufschwung. Dinkel ist ein preiswertes Getreide, das ebenfalls mit einem hohen Eiweißanteil aufwarten kann. Dieser liegt bei rund 15 Prozent. Dinkel enthält wertvolle, komplexe Kohlenhydrate, jede Menge Ballaststoffe, Vitamine und Spurenelemente, besonders Magnesium. Laut Hildegard von Bingen bereitet er jenen, die ihn regelmäßig essen „rechtes Fleisch und Blut und macht die Sinne froh". In der Hildegard-Küche ist er daher nicht wegzudenken. Auch die Zusammensetzung seiner Fettsäuren macht den Dinkel zu einem besonders wertvollen Getreide. In der Naturheilkunde wird dem Dinkel auch eine gute Wirkung bei Neurodermitis zugeschrieben.

Dinkelreis

Neben den ganzen Körnern oder Dinkelmehl stellt der „Dinkelreis" eine sowohl gute als auch leicht und rasch zu verarbeitende Form für eine moderne und zeitknappe Küche dar. Als Dinkelreis werden entspelzte und geschliffene Dinkelkörner bezeichnet, die aufgrund dieser Aufbereitung eine wesentlich geringere Garzeit aufweisen.

Emmer

Emmer – oder auch Zweikorn genannt – ist eine alte Weizenart und zählt zu den sogenannten Urgetreiden. Alte Funde im Nahen Osten belegen seine Existenz rund 9500 Jahre zurück. Er wird heute unter anderem im Alpenraum und vor allem in Italien kultiviert. Die farbenprächtigen Ähren des zu den Süßgräsern zählenden Getreides kommen in weißen, blauen, roten, braunen oder schwarzen Formen vor und beeindrucken optisch als besondere Schönheit der Natur. Emmer hat einen fein-würzigen Geschmack und eine hohe Quellfähigkeit. Sein Eiweißgehalt liegt bei zwölf bis 14 Prozent, außerdem kann Emmer mit jeder Menge Ballaststoffen

und Mineralstoffen wie Zink, Eisen und Kupfer aufwarten. Ein hoher Anteil an essentiellen Aminosäuren macht ihn seit jeher zu einem besonders wertvollen Lebensmittel. In der vollwertigen Küche wird er wie Dinkel gerne zum Brotbacken, für Aufläufe, Suppen oder Eintöpfe verwendet.

Emmer

Emmerreis

Wie auch Dinkel ist entspelzter und geschliffener Emmer als Emmerreis im Naturkosthandel erhältlich. Er hat eine kurze Kochzeit und eignet sich besonders gut für Getreide-Risottos.

Einkorn

Auch Einkorn zählt zu den Urgetreiden und gehört zu den nährstoffreichsten Getreidearten, die der Mensch jemals kultiviert hat. Einkornfunde reichen rund 9000 Jahre zurück. Da sein Ertrag im Gegensatz zu Weizen aber wesentlich geringer ist, verlor er über die Jahrhunderte zunehmend an Bedeutung. In jüngster Zeit wird er vor allem wegen seiner besonderen Nährstoffdichte und seinem außerordentlich feinen Geschmack gerade von der gesundheitsbewussten und kulinarisch hochwertigen Küche wieder neu entdeckt. Einkorn hat einen charakteristisch cremig-nussigen Geschmack. Eine seiner ernährungsphysiologischen Besonderheiten ist ein sehr hoher Anteil an Gelbpigmenten, die eine Vorstufe der Carotinoide darstellen. Diese wirken immunstärkend, krebsvorbeugend und stärken unsere Sehkraft. Sein Eiweißgehalt liegt bei stolzen 19 bis 20 Prozent. Einkornmehl ist besonders für die Herstellung von Palatschinken, Kuchen und Brot geeignet.

Einkornreis

Wie Dinkel und Emmer wird auch Einkorn poliert und als Einkornreis mit kurzer Kochzeit vertrieben. Dieser ist unter anderem für Aufläufe, Getreidepfannen, als Beilage und in Form von Laibchen sehr beliebt.

Einkorn

Nüsse und Samen

Eine Reihe von Nüssen und Samen weisen einen enorm hohen Eiweißgehalt und generell eine hohe Nährstoffdichte auf. Viele davon gelten daher als „Superfood" und sollten möglichst oft in Mahlzeiten eingebaut werden. Da in den Samen die geballte Kraft der zukünftigen Pflanze steckt, ist leicht vorstellbar, dass diese auch unseren Organismus mit jeder Menge Kraft und nährenden Stoffen ausstatten kann.

Kürbiskerne

Kürbiskerne enthalten rund 24 Prozent Eiweiß und 45 Prozent Fett – davon reichlich ungesättigte Fettsäuren – u. a. die wertvollen Linolsäure Sie enthalten jede Menge Vitamin A, B_1, B_2, B_6, C, D und E sowie eine Menge Carotinoide, die u. a. die Haut vor Sonneneinstrahlung und negativen Umwelteinflüssen schützen können. Die enthaltenen Phytoöstrogene werden gerne gegen Beschwerden in den Wechseljahren zum Einsatz gebracht. Die Inhaltsstoffe der Kürbiskerne wirken Prostatavergrößerung entgegen und sollen auch Symptome der Reizblase lindern und vorbeugen können.

Sonnenblumenkerne

Sonnenblumenkerne sind die Samen der Sonnenblume, die zu der botanischen Familie der Korbblütler zählt. Sie sind ein außerordentlich gesundes Nahrungsmittel, das mit einer erstaunlichen Vielzahl an Inhaltsstoffen aufwarten kann: Sonnenblumenkerne enthalten über 90 Prozent ungesättigte Fettsäuren, zudem die Vitamine A, B, E, Carotin, Kalzium, Iod, Magnesium und Eisen. Besonders das Öl der hochwertigen Kerne wird in der gesunden Küche gerne verwendet. Sonnenblumenkerne haben einen Eiweißgehalt von rund 22 Prozent. Sie können gerieben, gehackt oder im Ganzen in süßen wie pikanten Speisen verarbeitet werden und liefern mit ihrem mild-nussigen Geschmack auch kulinarisch eine interessante Note in Cookies, Brot, Gebäck, Kuchen sowie in Salaten, Suppen, Eintöpfen und

Aufläufen. Um das Aroma der Kerne zu verstärken, werden diese auch häufig ohne Fett in einer Pfanne trocken geröstet. Bei der Lagerung von Sonnenblumenkernen sollten Sie übrigens wie bei vielen Nüssen und Samen darauf achten, dass diese aufgrund des hohen Fettgehalts leicht ranzig werden. Verschließen Sie Nüsse und Kerne daher luftdicht und lagern Sie diese an einem kühlen, dunklen Ort.

Hanfsamen

Hanfsamen

Hanfsamen sind die aromatischen und gesunden Samen des Nutzhanfs. Sie verfügen über jede Menge Antioxidantien, Vitamin E und B-Vitamine. Besonders das wertvolle Vitamin B_2 (Riboflavin) ist im Hanf in großen Mengen enthalten. Zudem haben Hanfsamen einen sehr hohen Anteil an hochwertigem Eiweiß, das alle essenziellen Aminosäuren enthält. Der Eiweißgehalt von Hanfsamen liegt bei rund 20 Prozent. Besonders erwähnenswert ist auch das optimale Verhältnis von Omega-3- zu Omega-6-Fettsäuren. Der Genuss von Hanfsamen beugt somit Herz-Kreislauf-Erkrankungen, chronischen Entzündungen und Nervenleiden vor. Hanfsamen können geschält, ungeschält oder auch geröstet einen interessanten kulinarischen Akzent in Müslis, als Salat-Zugabe und bei Gemüsegerichten darstellen. Kombiniert mit dem herrlich aromatischen Hanfsamenöl machen Hanfsamen jeden Salat und jedes Gemüsegericht zu einer besonderen Delikatesse.

Cashewkerne

Cashewkernen oder Cashewnüsse werden die Früchte des sogenannten Kaschubaumes oder auch Nierenbaumes genannt. Dieser wächst in den Tropen und seine Kerne oder Nüsse liefern wertvolle und gesundheitsfördernde Inhaltsstoffe wie u. a. Magnesium, Eisen, Kupfer, Niacin, Folsäure oder Selen. Der Eiweißgehalt von Cashewkernen liegt bei rund 15 Prozent. Zudem sind Cashewkerne ein bemerkenswerter Lieferant von Tryptophan – einem Stoff, der zur Produktion von Serotonin nötig ist, das u.a. gemeinsam mit Vitamin B_6 gegen Depressionen helfen kann.

Cashe

Mohn

Mohn wird im deutschsprachigen Raum u. a. im österreichischen Waldviertel angebaut. Und das bereits seit dem 13. Jahrhundert. Mönche brachten das „graue Gold" aus dem Mittelmeerraum und kultivierten es u. a. zu Heilzwecken. Mohn enthält rund 42 Prozent Fett. Sein Eiweißgehalt liegt bei rund 17 Prozent. Er enthält wertvolle Inhaltsstoffe wie die Aminosäuren Leucin und Lysin. In Kombination mit Getreide und Kartoffeln ist er daher besonders gut geeignet, weil sich dadurch die biologische Wertigkeit des vorhandenen Eiweißes erhöht. Die aromatischen Samen enthalten reichlich Mineralstoffe, wie Eisen, Kalzium, Phosphor, Kalium und Magnesium.

Mohn wird je nach Farbe der Samen in drei Sorten eingeteilt: Der Blaumohn hat ein herbes, intensives Aroma und eignet sich besonders gut für pikante Mohnspeisen. Die Samen des Graumohns sind sehr zart und mild und werden daher gerne für süße Mehlspeisen verwendet. Weißmohn ist eine seltene Sorte, mit einem nussigen Geschmack, der sich vor allem in Desserts und süßen Zubereitungen besonders gut macht.

Sesam

Sesam wächst in den Tropen und Subtropen und kommt ursprünglich aus Afrika und Indien. Er zählt zu einer der ältesten Ölpflanzen der Welt. Seine Samen sind schwarz, braun oder in geschälter Form auch cremefarben oder weiß. Der feine Geschmack ist süßlich und nussig. In der Traditionellen Chinesischen Medizin wird vor allem auch der schwarze Sesam gerne zum Einsatz gebracht, um unsere Nieren- und Leberenergie zu stärken. Aber auch aus westlicher Sicht hat Sesam viel zu bieten: Folsäure sorgt für ausgeglichene Stimmung, Dimethylglycine regen den Geist an und lindern Kopfschmerzen, Vitamin B_3 nährt unsere Nerven, Vitamin E sorgt für Fruchtbarkeit und bindet freie Radikale und ein hoher Kalziumgehalt wirkt sich positiv auf Zähne und Knochen aus. Sesam hat einen Eiweißgehalt von rund zwölf Prozent. Der ölhältige Samen wird gerne zu Sesamöl verarbeitet, das einen ganz besonderen kulinarischen Wert darstellt. Die zerstoßenen Samen lassen sich in einer kreativen Küche auch sehr gut zum Würzen von Salaten und Gemüse verwenden. Die im türkischen Lebensmittelhandel erhältliche Sesampaste „Tahini" ist für Saucen, Suppen und Aufstriche gut geeignet.

Kräuter und Gewürze mit hohem Eiweißgehalt

Auch in so manchem Kraut und Gewürz ist mitunter ein beachtlicher Eiweißgehalt zu verzeichnen. Zudem aber vor allem jede Menge anderer gesunder Inhaltsstoffe, die auch die Verdaulichkeit und Bekömmlichkeit der Speisen erhöhen kann. Sparen Sie daher nicht an frischen Kräutern und aromatischen Gewürzen! Diese erfreuen Gaumen, Auge und Nase. Stocken Sie Ihr Gewürzregal auf und experimentieren Sie auch mal mit noch unbekannten Zutaten!

Über den genauen Eiweißgehalt verschiedener Kräuter und Gewürze haben wir sehr große Unterschiede in den verschiedenen Quellen gefunden. Als Gewürze mit einem hohen Eiweißgehalt wurden u. a. Basilikum, Dille, Estragon, Fenchelsamen, Kerbel, Liebstöckel, Pfefferminze, Schnittlauch, Wacholder und Zitronenmelisse angegeben.

Algen

Fenchelsamen

Algen

Einen wirklich bemerkenswerten Eiweißgehalt können Algen aufweisen. Der Gehalt liegt je nach Art bei bis zu mehr als 60 Prozent. Aber nicht nur der Eiweißgehalt lässt sich sehen. Verschiedene Algen (wie Braunalgen, Rotalgen, Grünalgen, Blaualgen …) werden vor allem in der asiatischen Küche gerne verwendet. Zu den wohl berühmtesten und klassischen Algengerichten zählen japanische Maki, die aus Fisch oder Gemüse mit Reis und Nori-Algenblättern gemacht werden und in jedem japanischen Sushi-Lokal allgegenwärtig sind.

Das Meeresgemüse enthält jede Menge Spurenelemente und Mineralstoffe sowie Beta-Carotine und ungesättigte Fettsäuren.

Algen sind in Asialäden, Reformhäusern und Bioläden erhältlich. Den Produkten aus Bioläden und Reformhäusern gebe ich persönlich beim Einkauf gerne den Vorzug. Verkochen können Sie Algen in Suppen, Salaten und gedämpft oder frisch als Gemüse. In getrockneter und gemahlener Form können sie auch als Würzmittel zum Einsatz kommen.

Allgemeine Tipps für eine gesunde Küche

Regionale und saisonale Produkte

Verwenden Sie so weit als möglich regionale und saisonale Produkte. Vor allem frisches Obst und Gemüse sollten aus der Region kommen und möglichst reif geerntet sein. Lange Lagerzeiten vermindern bei Frischware erheblich den Vitamin- und Nährstoffgehalt.

Frische und biologische Zutaten

Meiden Sie möglichst Fertigware, Dosen und konservierte Lebensmittel. Wenn es dennoch mal schnell gehen muss, greifen Sie lieber auf Ware im Glas zurück. Frische Kräuter sind getrockneten oder gefrorenen vorzuziehen.

Wer zu Lebensmitteln aus kontrolliert biologischem Anbau greift, schont Boden und Umwelt und tut seiner Gesundheit Gutes. Chemische Düngemittel, Pestizide, Spritzmittel und gentechnisch veränderte Nahrungsmittel machen uns langfristig zu schaffen.

Mit Liebe kochen und mit Ruhe essen

„Widme dich der Liebe und dem Kochen mit ganzem Herzen" – diese Aufforderung des Dalai Lama ist zu einem wichtigen Credo in meiner Küche geworden. Denn Essen ist mehr als Nahrungsaufnahme. Wer mit Groll und im Streit eine Mahlzeit zubereitet, der wird diese Energie später an seine Gäste weitergeben. Wenn wir hingegen mit Liebe und Aufmerksamkeit Essen zubereiten, können wir weit mehr als nur gesunde Nährstoffe weitergeben bzw. zu uns nehmen.

Lassen Sie sich Zeit beim Essen! Oft essen wir unter Stress, neben dem Fernseher, hektisch und unaufmerksam. Dies tut unserer Verdauung, unserem Stoffwechsel und unseren Nerven ganz und gar nicht gut. Wer sich Zeit zum Essen nimmt und seine Mahlzeit auch ausreichend kaut, ist schneller satt und sorgt dafür, dass die zugeführte Energie auch gut verwertet werden kann.

Experimentieren und genießen

Wesentlich erscheint mir zuletzt in diesem Zusammenhang auch noch, darauf aufmerksam zu machen, dass Essen vor allem einmal gut schmecken muss. Gerade gesundheitsbewusste Menschen neigen manchmal dazu, sich selbst zu kasteien und aus Vernunft bestimmte Dinge zu essen – auch wenn sie ihnen vielleicht gar nicht schmecken. Daher plädiere ich dafür, keinesfalls Dinge zu essen, die Ihnen nicht schmecken.

Die Auswahl an möglichen Gerichten – auch und vor allem in der fleischlosen Küche und beim Thema „Grünes Eiweiß" ist – ist groß. Finden Sie heraus, was Ihnen gut schmeckt, und nehmen Sie sich Zeit zum Experimentieren. Lassen Sie jene Dinge weg, zu denen sie sich überwinden müssten oder die einfach nicht Ihren Geschmack treffen. Geschmäcker sind bekanntlich verschieden und häufig ist unser Körper klüger als unser Hirn.

In diesem Sinne wünsche ich Ihnen lustvolles Kochen und Essen und hoffe, dass Sie schon bald jede Menge „grünes Eiweiß" zu Ihren Lieblingsspeisen zählen.

Vorspeisen & Suppen

Mexikanisches Omelett mit Avocadocreme

Zutaten:
6 Eier
200 g gekochte Kidneybohnen
120 g gekochter Zuckermais
2 Frühlingszwiebeln (Jungzwiebeln)
1 Chili
1 Bund Petersilie
2 Tomaten
Salz
Pfeffer
Olivenöl extra vergine

Für die Avocadocreme:
2 Avocados
1 Tomate
1 Frühlingszwiebel (Jungzwiebel)
1 Limette
Salz
Pfeffer

1 Handvoll Chilis zum Garnieren

Frühlingszwiebeln waschen und in Ringe schneiden. Tomaten waschen, Strunk und Kerne entfernen und in Würfel schneiden. Petersilie waschen und fein hacken. Die Chili entkernen, Stiel und Seitenwände entfernen und fein hacken. Eier verquirlen und mit den restlichen Zutaten vermischen. Mit Salz und Pfeffer würzen und die Hälfte der Masse in eine kleine bis mittelgroße Pfanne mit heißem Öl eingießen. Bei mittlerer Hitze braten, bis die Masse stockt und fest wird. Nach rund 5 Minuten einen Teller als Deckel auf die Pfanne legen und das Omelett auf den Teller stürzen. Dann das Omelett zurück in die Pfanne gleiten lassen und auf der anderen Seite fertig braten.

Für die Guacamole die Avocados schälen, ihre Kerne entfernen, das Fruchtfleisch mit einer Gabel zerdrücken und mit Limettensaft beträufeln. Frühlingszwiebel waschen und fein hacken. Tomate waschen, Strunk und Kerne entfernen und in sehr kleine Würfel schneiden. Avocados mit Tomaten und Zwiebeln verrühren, mit Limettensaft, Salz und Pfeffer abschmecken.

Die Omeletts mit den ganzen Chilis und der Avocadocreme garnieren und servieren.

TiPP Achten Sie beim Verwenden von Avocados darauf, dass diese schnell oxidieren und braun werden. Daher gleich mit Zitronensaft oder Limettensaft beträufeln und nicht zu lange im Voraus zubereiten!

vegetarisch ✓
laktosefrei ✓
glutenfrei ✓

Gemischte Pilze mit gerösteten Pinienkernen

Zutaten:
1 kg gemischte Pilze
(Steinpilze, Shiitakepilze,
Champignons, Seitlinge etc.)
1 Bund Petersilie
3–4 Knoblauchzehen
1 Bio-Zitrone
1 Handvoll Pinienkerne
Olivenöl extra vergine
Salz & Pfeffer aus der Mühle

Pilze putzen, in Scheiben schneiden und in Olivenöl ansautieren. Knoblauch schälen und sehr fein hacken. Petersilie ebenfalls hacken. Pilze mit Knoblauch und Petersilie vermengen, mit dem Saft und etwas Abrieb einer Bio-Zitrone, Salz und Pfeffer aromatisieren. Einige Stunden im Kühlschrank durchziehen lassen.

Pinienkerne in einer Pfanne ohne Fett trocken rösten, bis sie duften. Über die marinierten Pilze streuen und diese als Vorspeise servieren.

vegan ✓
laktosefrei ✓
glutenfrei ✓

Quinoa-Salat mit getrockneten Tomaten, Kapern, Salbei und Schafskäse

Zutaten:
150 g Quinoa
300 ml heißes Wasser
150 g getrocknete Tomaten
1 Handvoll Salzkapern
125 g Schafskäse
1/2 Bio-Zitrone
2 Zweige frischer Salbei
Olivenöl extra vergine
Salz
Pfeffer

Quinoa waschen und nach Packungsanleitung in Salzwasser rund 20 Minuten weich kochen oder dämpfen. Salbeiblätter abzupfen und in feine Streifen schneiden. Getrocknete Tomaten in Stücke und Schafskäse in kleine Würfel schneiden.

Das fertig gedämpfte Quinoa mit den getrockneten Tomaten und den Schafskäsestücken vermengen. Die Kapern darunter mischen und den Getreidesalat nun mit dem Saft einer halben Zitrone, dem Abrieb einer Bio-Zitronenschale, hochwertigem Olivenöl, Salz und Pfeffer würzen. Den frischen Salbei darunter rühren.

Mit einem Anrichtering auf einem Vorspeisenteller platzieren, mit Salbeiblättern dekorieren und lauwarm servieren.

vegetarisch ✓
glutenfrei ✓

Polentatürmchen mit Zitronen-Linsen-Creme

Zutaten:
300 g Maisgrieß
800 ml Gemüsesuppe
Muskatnuss
Salz
Pfeffer
Olivenöl zum Herausbraten

Für die Linsencreme:
250 g gekochte braune Linsen
1 Bio-Zitrone
100 g Schafskäse
schwarzer Pfeffer aus der Mühle
Olivenöl extra vergine

Gemüsesuppe erhitzen und den Maisgrieß einrieseln lassen. Mit etwas geriebener Muskatnuss, Salz und Pfeffer würzen und so lange auf kleiner Flamme köcheln, bis die Polenta eine dicke Creme geworden ist. Diese nun auf ein Brett aufstreichen und erkalten lassen. Sobald die Polenta fest ist, Kreise ausstechen und in Olivenöl knusprig braten.

Für die Linsencreme die gekochten Linsen mit der Gabel zerdrücken und mit Saft und Abrieb einer Bio-Zitrone vermischen. Schafskäse hineinrebeln und mit der Gabel zu einer Creme verrühren. Mit reichlich schwarzem Pfeffer würzen und mit hochwertigem Olivenöl aromatisieren.

Die Linsencreme abwechselnd mit den gebratenen Polentascheiben übereinander stapeln.

Mit Zitronenstücken dekorieren und als Vorspeise servieren.

Belugalinsensalat mit Schafskäse und Kernöl

Zutaten:

500 g Belugalinsen
1 Lorbeerblatt
1 große rote Zwiebel
250 g fester Schafskäse
Kürbiskernöl
Balsamicoessig
Salz
Pfeffer aus der Mühle

Linsen über Nacht einweichen und nach Packungsanleitung mit einem Lorbeerblatt weich kochen oder dämpfen. Zwiebel schälen und in kleine Würfel schneiden. Schafskäse in mundgerechte Stücke schneiden.

Linsen mit Zwiebelwürfeln und Schafskäsestücken vermengen und mit Balsamico und Kernöl marinieren. Mit Salz und Pfeffer abschmecken. Im Kühlschrank etwas durchziehen lassen und zimmerwarm servieren.

vegetarisch ✓
glutenfrei ✓

Räuchertofu-Spießchen mit Erdnusssauce

Zutaten:
400 g Räuchertofu

Für die Marinade:
150 ml Kokosmilch
1 TL gemahlene Koriandersamen
1 TL edelsüßes Paprikapulver
1 TL brauner Zucker
1 Spritzer Sojasauce
1 TL Currypulver
kleine Holzspieße
Erdnussöl

Für die Erdnusssauce:
100 g geschälte, ungesalzene Erdnüsse
200 ml Kokosmilch
1 TL gemahlene Koriandersamen
1 TL Currypulver
2 EL Limettensaft
2 TL brauner Zucker
2 EL Erdnussbutter
1 Spritzer Sojasauce

Den Tofu in ca. 1 cm große Würfel schneiden.

Alle Zutaten **für die Marinade** verrühren und die Spießchen damit marinieren. Die Spieße in einer Pfanne mit heißem Erdnussöl kross anbraten.

Für die Erdnusssauce die Nüsse in einer Pfanne ohne Öl trocken goldbraun rösten, etwas überkühlen lassen und im Mörser zerstoßen oder in der Küchenmaschine zerkleinern. Kokosmilch erwärmen, mehrmals umrühren und die restlichen Zutaten beifügen, anschließend ca. 2 Minuten kochen lassen. Vom Herd nehmen und nach Belieben mit Sojasauce würzen. Die Sauce zu den Spießchen servieren.

TIPP Wer an Glutenunverträglichkeit leidet, verwendet Tamari oder Salz statt Sojasauce.

Indische Linsencremesuppe

Zutaten:

200 g rote Linsen
1 kleine Zwiebel
1 Knoblauchzehe
2 Lorbeerblätter
2 Karotten
1 Bio-Zitrone
1 1/2 TL gemahlener Kurkuma (Gelbwurz)
1 TL gemahlener Bockshornklee
1 1/2 TL gemahlener Kreuzkümmel
700 ml Gemüsesuppe
1 EL Ghee (Butterschmalz)
Salz
schwarzer Pfeffer aus der Mühle

Die Linsen so lange unter fließendem Wasser waschen, bis die Flüssigkeit klar bleibt.

Karotten, Zwiebel und Knoblauch schälen und klein schneiden. Ghee oder Butterschmalz in einem Topf erhitzen, Karotten, Zwiebel und Knoblauch darin anrösten, Linsen und Gewürze beifügen und kurz mitrösten. Mit Gemüsesuppe aufgießen, Lorbeerblatt beifügen und so lange kochen, bis die Linsen und das restliche Gemüse ganz weich sind (ca. 25 Minuten). Mit dem Pürrierstab zu einer cremigen Suppe mixen und mit Salz, Pfeffer, etwas Saft und Abrieb einer Bio-Zitrone abschmecken und heiß servieren.

TiPP Wenn Sie nicht alle diese Gewürze zu Hause haben, verwenden Sie einfach eine milde Currymischung.

Schnelle, pikante Orangen-Linsensuppe

Zutaten:
100 g rote Linsen
1 große Karotte
1 kleine Zwiebel
1 l Gemüsesuppe
2 Bio-Orangen
1 Prise zerstoßene Anissamen (im Mörser)
etwas Harissa (scharfe Pfefferonipaste aus dem türkischen Lebensmittelgeschäft) oder 1 Chili
Olivenöl extra vergine
Salz
Pfeffer

Zwiebel schälen und fein hacken, Karotte schälen und grob raspeln. Linsen waschen.

Zwiebel in Olivenöl ansautieren, geraspelte Karotten dazugeben. Etwas durchrösten, Linsen beifügen, Saft und etwas Abrieb von 2 Bio-Orangen sowie eine Prise Anissamen beifügen und mit Gemüsesuppe aufgießen. Rund 25 bis 30 Minuten köcheln, bis alles weich ist und die Linsen schon etwas verkocht sind. Mit dem Pürierstab einmal kurz durchmixen, aber nicht ganz fein pürieren.

Mit Harissa, Salz und Pfeffer abschmecken und heiß servieren.

Berglinsensuppe mit Pastinaken und Karotten

Zutaten:
1 Zwiebel
2 Knoblauchzehen
Olivenöl extra vergine
100 g Pastinaken
100 g Karotten
200 g Berglinsen
1 Lorbeerblatt
1/2 TL Fenchelsamen
1 EL getrockneter Thymian
1 kleiner Rosmarinzweig
1 l Gemüsesuppe
Salz
Pfeffer aus der Mühle
Balsamicoessig
Tabascosauce

Zwiebel, Knoblauch, Pastinaken und Karotten schälen. Zwiebel und Knoblauch fein hacken, Pastinaken und Karotten in kleine Stücke schneiden.

Olivenöl in einem Topf erhitzen und Zwiebel und Knoblauch darin andünsten. Das Gemüse dazugeben. Linsen waschen und ebenfalls beifügen. Mit Gemüsesuppe aufgießen und die Gewürze beifügen (Lorbeer und Fenchel am besten in einem Teefilter mitkochen und nach dem Kochen entfernen). Rund 30 Minuten kochen – bis die Linsen weich sind. Mit Salz, Pfeffer, Balsamico und Tabascosauce abschmecken und heiß servieren.

vegan ✓
laktosefrei ✓
glutenfrei ✓

Herzhafte Kartoffel-Bohnen-Suppe

Zutaten:
250 g Kartoffeln
125 g getrocknete weiße Bohnen
1 Zwiebel
1 Knoblauchzehe
1 roter Spitzpaprika
2 EL gemahlenes edelsüßes Paprikapulver
1 TL gemahlener Kümmel
1 EL getrocknete Majoran
1 Lorbeerblatt
1 EL Tomatenmark
1 Spritzer Tabascosauce
1 Spritzer Worcestershiresauce
1/2 TL Vollrohrzucker
600 ml Gemüsesuppe
1 kleines Stück Meeresalgen
Olivenöl extra vergine
Salz
Pfeffer

Bohnen über Nacht einweichen und je nach Sorte und Größe rund 1 bis 2 Stunden weich kochen. Alternativ Bohnen aus dem Glas oder der Dose verwenden.

Kartoffeln, Zwiebel und Knoblauch schälen. Paprika waschen, von Strunk und Kernen befreien und in kleine Würfel schneiden. Kartoffeln ebenfalls in kleine Würfel schneiden. Zwiebel und Knoblauch in Olivenöl anrösten, Paprika und Kartoffeln dazugeben und kurz weiterrösten. Paprizieren und Tomatenmark, Kümmel und Zucker beifügen und mit Gemüsesuppe aufgießen. Lorbeerblatt, Algenstück und Majoran hineingeben und auf kleiner Flamme rund 20 Minuten köcheln, bis die Kartoffeln fast weich sind. Weich gekochte Bohnen beifügen und alles noch ein bisschen weiter kochen. Algenstück und Lorbeerblatt herausnehmen, mit Tabasco- und Worcestershiresauce sowie Salz und Pfeffer abschmecken und heiß servieren.

TiPP Diese Suppe eignet sich auch als Hauptspeise. Einfach die Menge verdoppeln.

vegan ✓
laktosefrei ✓
glutenfrei ✓

Erdnuss-Sojabohnen-Suppe

Zutaten:
1 Zwiebel
300 g gekochte gelbe Sojabohnen
100 g geröstete, ungesalzene Erdnüsse
1 l Gemüsesuppe
1 Bio-Zitrone
Worcestershiresauce
Tamari (oder Sojasauce)
Tabascosauce
Salz
Pfeffer aus der Mühle
Olivenöl extra vergine

Zwiebel schälen und grob hacken. In etwas Olivenöl anschwitzen. Sojabohnen und Erdnüsse beifügen und mitrösten. Mit Suppe aufgießen und 30 Minuten köcheln. Anschließend pürieren und mit etwas Zitronensaft, Abrieb der Zitronenschale, Worcestershiresauce, Tamari und Tabascosauce sowie Salz und Pfeffer würzen. Heiß servieren.

vegan ✓
laktosefrei ✓
glutenfrei ✓

Orientalische Kichererbsen-Linsensuppe

Zutaten:

300 g getrocknete Kichererbsen
1 Tasse getrocknete Puy-Linsen
(oder andere Linsen)
1 Dose Tomaten
1 große Zwiebel
1 Stange Stangensellerie
2 EL Olivenöl
1 TL Kurkuma (Gelbwurz)
1 TL frisch gemahlener schwarzer Pfeffer
1/2 TL Zimt
1 l Gemüsesuppe
1 Bund Koriandergrün
1 Bund gehackte Petersilie
1/2 TL Harissa (scharfe, orientalische Gewürzpaste) oder 1 gehackte und entkernte Chili

Kichererbsen über Nacht in Wasser einweichen. Das Einweichwasser abgießen, die Kichererbsen gut abspülen, dann mit reichlich Wasser zum Kochen bringen. Hitze reduzieren und auf kleiner Flamme ohne Deckel köcheln lassen, bis die Kichererbsen gar sind (ca. eine Stunde). Etwas auskühlen lassen, abseihen und die Kochflüssigkeit auffangen. Tomaten aus der Dose abseihen und grob pürieren.

Zwiebel schälen und fein hacken. Sellerie waschen und in kleine Würfelchen schneiden. In einem größeren Topf Olivenöl erhitzen und Sellerie und Zwiebel darin anschwitzen, bis sie schön weich sind. Gewürze zugeben und unter Rühren noch ca. 3 Minuten anrösten.

Pürierte Tomaten, Kichererbsen mit etwas Kochflüssigkeit, Gemüsesuppe und Linsen zugeben und zum Kochen bringen. Hitze reduzieren und leise köcheln lassen, bis die Linsen gar sind (ca. 30 Minuten).

Mit Harissa (oder Chili), Salz und Pfeffer abschmecken, gehackte Petersilie und gehacktes Koriandergrün einrühren, vom Herd nehmen und ein paar Minuten ziehen lassen.

Eierschwammerl-Bohnensuppe

Zutaten:
500 g Eierschwammerln (Pfifferlinge)
300 g festkochende Kartoffeln
200 g gekochte kleine, weiße Bohnen
1 Zwiebel
2 Knoblauchzehen
1 l Suppe
1 EL Olivenöl extra vergine
1 Prise getrockneter Majoran
1 Prise getrocknetes Bohnenkraut
1 Prise getrockneter Thymian
1 kleiner Bund Petersilie
1 Klecks Sauerrahm (saure Sahne)
Salz
Pfeffer aus der Mühle

Die Pilze putzen und je nach Größe in mundgerechte Stücke schneiden. Kartoffeln schälen und in Würfel schneiden.

Zwiebel und Knoblauch schälen und fein hacken. Zwiebel und Knoblauch in einem Topf mit heißem Olivenöl anrösten. Pilze und Kartoffeln dazugeben, mit Gemüsesuppe aufgießen und mit Majoran, Bohnenkraut und Thymian würzen.

Rund 35 Minuten auf kleiner Flamme kochen, bis das Gemüse weich ist. Vorgekochte Bohnen aus dem Glas beifügen. Kurz mit dem Pürierstab die Hälfte der Suppe zerkleinern, sodass eine dickflüssige Konsistenz entsteht – aber einen Teil der Zutaten ganz belassen.

Petersilie hacken. Mit Salz und Pfeffer würzen und mit einem Klecks Rahm und gehackter Petersilie servieren.

 Dazu passt getoastetes Schwarzbrot.

vegetarisch ✓
ohne Sauerrahm auch vegan und laktosefrei ✓
ohne Brot auch glutenfrei ✓

Pilzcremesüppchen mit Hanfsamen

Zutaten:
1 mittelgroße Zwiebel
250 g Champignons
2 EL getrocknete Steinpilze
1 Bund Petersilie
100 ml trockener Weißwein
50 g geriebener Parmesan
1 Bio-Zitrone
1 Schuss Obers (Sahne)
Salz
Pfeffer
Olivenöl extra vergine
750 ml Gemüsesuppe
1 Handvoll geschälte Hanfsamen

Steinpilze rund 30 Minuten in Wasser einweichen.

Zwiebel schälen und grob hacken, Champignons waschen und grob schneiden. Olivenöl in einem Topf erhitzen, Zwiebel beifügen, etwas anrösten, Pilze beifügen und etwas mitrösten. Mit Suppe und etwas von dem Pilz-Einweichwasser aufgießen und 15 Minuten auf mittlerer Flamme köcheln, bis alles weich ist.

Geriebenen Parmesan, einen Schuss Obers und Weißwein beifügen, kurz aufkochen lassen und mit dem Stabmixer fein pürieren. Mit etwas Abrieb einer Bio-Zitrone, Salz und reichlich Pfeffer würzen.

Kurz vor dem Servieren fein gehackte Petersilie einrühren und die Suppe mit geschälten Hanfsamen bestreuen.

vegetarisch ✓ glutenfrei ✓

Erbsencremesuppe mit Räuchertofu-Croûtons

Zutaten:
250 g getrocknete grüne Erbsen
1 Zwiebel
1 l Gemüsesuppe
1 Bio-Zitrone
100 g Räuchertofu
Salz
Pfeffer aus der Mühle
Olivenöl extra vergine

Erbsen über Nacht einweichen. Zwiebel schälen und in Olivenöl anbraten. Erbsen beifügen und mit Gemüsesuppe aufgießen. Rund eine Stunde weich kochen. Zu einer cremigen Suppe pürieren und mit dem Abrieb sowie etwas Saft einer Bio-Zitrone, Salz und Pfeffer abschmecken.

Räuchertofu in kleine Würfel schneiden und in Olivenöl knusprig braten. Die Suppe mit den Croûtons heiß servieren.

Erbsenschoten-Gemüsesüppchen mit Einkornreis und Kürbiskernen

Zutaten:
1 Stange Stangensellerie
2 Schalotten
150 g Zuckererbsenschoten
1/2 Zucchini
50 g Einkornreis
750 ml Gemüsesuppe
Saft und Abrieb von 1 Bio-Zitrone
1 Bund Petersilie
Olivenöl extra vergine
Worcestershiresauce
Sojasauce oder Tamari
1 Handvoll Kürbiskerne

Schalotten schälen, Stangensellerie waschen und holzige Teile sowie äußere Fäden entfernen. Zuckererbsenschoten waschen, Stielansätze und Fäden entfernen. Zucchini waschen und die Enden abschneiden. Das Gemüse grob zerkleinern und in etwas Olivenöl andünsten. Mit Gemüsesuppe aufgießen, Einkornreis beifügen und weich köcheln (rund 10 bis 15 Minuten). Petersilie waschen und sehr dicke Stängel entfernen. Zur Suppe geben und alles mit dem Pürierstab zerkleinern. Mit dem Abrieb und Saft einer Bio-Zitrone, Worcestershiresauce und Sojasauce bzw. Tamari abschmecken.

Kürbiskerne in einer Pfanne ohne Fett trocken rösten und grob hacken. Die heiße Suppe mit den Kürbiskernen bestreuen und servieren.

TiPP Achten Sie beim Kauf von Sojasauce auf hochwertige Qualität. Natürlich gebraute Sojasauce darf nur Weizen, Sojabohnen, Salz und Wasser enthalten. Viele Produkte im Handel sind künstlich hergestellt und enthalten jede Menge ungesunde Zusatzstoffe wie Farbstoffe, Zucker, Verdickungsmittel und künstliche Geschmacksverstärker.

Salate, Pestos & Aufstriche

Bohnensalat Caprese

Zutaten:
250 g gekochte weiße Bohnen
125 g Mozzarella
250 g sonnengereifte Tomaten
1 Bund Basilikum
2–3 Schalotten
Olivenöl extra vergine
Weißweinessig
Salz
Pfeffer

Bohnen über Nacht einweichen und je nach Sorte und Größe rund 1–2 Stunden weich kochen. Alternativ Bohnen aus der Dose oder dem Glas verwenden.

Mozzarella in Scheiben schneiden. Tomaten waschen und achteln. Schalotten in Ringe schneiden. Basilikum waschen und abzupfen. Alle Zutaten vermengen und mit Olivenöl, Weißweinessig, Salz und Pfeffer würzen.

vegetarisch ✓
glutenfrei ✓

Bunter Dinkelnudelsalat mit Kidneybohnen und Orangen

Zutaten:

120 g bunte Dinkelspiralen (oder andere Dinkelnudeln)
70 g gekochte rote Kidneybohnen (abtropfen lassen)
1 gelbe Paprikaschote
1 kleiner Bund Petersilie
2 Bio-Orangen
Olivenöl extra vergine
Weißweinessig
1 TL Dijonsenf
1 TL Honig
Salz
schwarzer Pfeffer aus der Mühle

Nudeln in Salzwasser al dente kochen und in Olivenöl schwenken. Paprika entkernen und in kleine Würfelchen schneiden. Petersilie waschen und fein hacken. 1 Orange schälen und filetieren.

Aus Olivenöl, Weißweinessig, Dijonsenf, Honig, Salz und Pfeffer ein Salatdressing anrühren. Die gekochten Nudeln, mit den Kidneybohnen, den Orangenfilets, dem Paprika und der Petersilie vermengen. Mit dem Dressing marinieren und zusätzlich mit dem Saft einer Orange, etwas Abrieb der Orange, Salz und Pfeffer abschmecken. Etwas im Kühlschrank durchziehen lassen und anschließend bei Zimmertemperatur servieren.

Puy-Linsen-Salat mit Wurzelgemüse und Balsamicodressing

Zutaten:

250 g Puy-Linsen
(oder Belugalinsen)
1 Lorbeerblatt
100 g Gelbe Rüben
100 g Karotten
2 Schalotten
1 Bund Schnittlauch
Olivenöl extra vergine
Balsamicoessig
Salz
Pfeffer

Linsen waschen, Rüben und Karotten schälen. Linsen nach Packungsanleitung mit einem Lorbeerblatt weich dämpfen (je nach Sorte dauert das rund 20 Minuten). Die Linsen kurz ausdämpfen lassen. Gelbe Rüben und Karotten weich kochen und in sehr kleine Würfelchen schneiden. Schalotten schälen und fein hacken. Schnittlauch waschen und in Röllchen schneiden. Alles vermischen und mit Salz, Pfeffer, Olivenöl und Balsamicoessig abschmecken. Im Kühlschrank mindestens 20 Minuten durchziehen lassen und anschließend zimmerwarm servieren.

 Dieser Salat eignet sich gut zum Mitnehmen ins Büro.

vegan ✓
laktosefrei ✓
glutenfrei ✓

Feuriger mexikanischer Bohnensalat

Zutaten:
600 g gekochte Kidneybohnen
200 g gekochter Zuckermais
1 Bund Koriandergrün
2 Frühlingszwiebeln (Jungzwiebeln)
1 kleine Chili
Saft von 1 Limette
Olivenöl extra vergine
Salz
Pfeffer

Frühlingszwiebeln waschen und in Ringe schneiden. Koriandergrün waschen und abzupfen. Chilischote von Kernen und Seitenwänden befreien und in dünne Ringe schneiden. Bohnen, Mais, Koriander, Frühlingszwiebeln und Chili vermengen. Mit Limettensaft, Olivenöl, Salz und Pfeffer marinieren, etwas durchziehen lassen und servieren.

TiPP Tomaten oder Avocados passen ebenfalls gut in diesen Salat.

Rucola-Salat mit gebratenen Pilzen und Hanfsamen

Zutaten:
400 g Rucola
1 rote Zwiebel
100 g Cocktailtomaten
1/2 Zitrone
250 g gemischte Pilze
Olivenöl extra vergine
1 Handvoll Hanfsamen
Hanfsamenöl
Salz
Pfeffer

Rucola und Tomaten waschen. Zwiebel schälen und in Ringe schneiden. Pilze putzen und in Olivenöl braten. Etwas salzen. Rucola, Tomaten und Zwiebel vermengen, mit Hanfsamenöl und Zitronensaft marinieren, mit Salz und Pfeffer abschmecken. Den Salat mit gerösteten Hanfsamen bestreuen und die gebratenen Pilze darauf drapieren und servieren.

Kartoffel-Bohnensalat mit Petersilienpesto und Sonnenblumenkernen

Zutaten:

750 g festkochende Kartoffeln
250 g weiße Riesenbohnen (vorgekocht)
2–3 Schalotten
1 Bund Petersilie (ca. 100 g)
50 g Sonnenblumenkerne
30 g Pinienkerne
60 ml mildes Olivenöl extra vergine
60 ml hochwertiges Sonnenblumenöl
1 Bio-Zitrone
Salz
schwarzer Pfeffer aus der Mühle

Kartoffeln kochen und schälen. In Scheiben schneiden. Zwiebeln schälen und fein hacken.

Für das Pesto Petersilie, 30 g von den Sonnenblumenkernen, Pinienkerne und Olivenöl mit dem Stabmixer zu einem Pesto verarbeiten. Mit Saft und etwas Abrieb einer Bio-Zitrone, Salz und Pfeffer abschmecken.

Das Pesto nun mit den Riesenbohnen, den Kartoffelscheiben und den Schalotten vermischen und im Kühlschrank am besten über Nacht durchziehen lassen. Vor dem Servieren rechtzeitig aus dem Kühlschrank nehmen, damit der Salat wieder Zimmertemperatur annehmen kann.

20 g Sonnenblumenkerne in einer Pfanne ohne Öl trocken rösten und über den Salat streuen.

Linsen-Radieschen-Raita

Zutaten:
1 Bund Radieschen (ca. 150 g)
250 g gekochte braune Linsen
200 g Sauerrahm (saure Sahne)
Salz
Pfeffer aus der Mühle

Radieschen waschen und klein hacken. Mit den gekochten Linsen und Sauerrahm verrühren. Mit Salz und Pfeffer abschmecken.

vegetarisch ✓
glutenfrei ✓

Orientalischer Kichererbsenaufstrich

Zutaten:
300 g Kichererbsen
150 g Sesampaste (Tahin)
3 Knoblauchzehen
2 Zitronen
1 Lorbeerblatt
1 TL gemahlener Kreuzkümmel
4 EL Olivenöl extra vergine
etwas Kichererbsenkochwasser
Salz
Pfeffer aus der Mühle

Getrocknete Kichererbsen über Nacht in Wasser einweichen. Am Folgetag in reichlich Wasser mit dem Lorbeerblatt und 2 geschälten Knoblauchzehen 1 Stunde weich kochen. Anschließend die Kichererbsen abseihen, dabei etwas von dem Kochwasser aufheben und das Lorbeerblatt entfernen. Im Mixer mit der dritten geschälten Knoblauchzehe, dem Saft von 2 Zitronen, der Sesampaste, etwas Kochwasser und Olivenöl zu einer Paste mixen. Mit Kreuzkümmel, Salz und Pfeffer würzen. Mit einem Schuss Olivenöl beträufeln und lauwarm oder kalt servieren.

 Tahin oder Sesampaste bekommen Sie im türkischen Lebensmittelgeschäft oder im gut sortierten Supermarkt.

vegan ✓
laktosefrei ✓
glutenfrei ✓

Humus-Variation mit Koriander, Chili und Limette

Zutaten:
300 g Kichererbsen
150 g Sesampaste (Tahin)
3 Knoblauchzehen
2 Limetten
1 Lorbeerblatt
1 TL gemahlener Koriander
4 EL Olivenöl extra vergine
1 Dose oder Packung flüssige Kokosmilch
1 Bund gehacktes Koriandergrün
1 kleine rote Chili (ohne Kerne und Seitenwände)
Salz
Pfeffer aus der Mühle

Zubereiten wie den orientalischen Kichererbsenaufstrich, aber je nach gewünschter Konsistenz Kokosmilch anstelle des Einweichwassers einmixen. Mit gemahlenem Koriander, Limettensaft, gehackter Chili und gehacktem Koriandergrün aromatisieren.

vegan ✓
laktosefrei ✓
glutenfrei ✓

Curry-Sesam-Humus

Zutaten:
300 g Kichererbsen
Kichererbsenkochwasser
150 g Sesampaste (Tahin)
3 Knoblauchzehen
2 Zitronen
1 Lorbeerblatt
4 TL mildes Currypulver
4 EL Sesamöl
Salz
schwarzer Pfeffer aus der Mühle
1 Handvoll schwarzer Sesam

Getrocknete Kichererbsen über Nacht in Wasser einweichen. Am Folgetag in reichlich Wasser mit dem Lorbeerblatt und 2 geschälten Knoblauchzehen 1 Stunde weich kochen. Anschließend die Kichererbsen abseihen, dabei etwas von dem Kochwasser aufheben und das Lorbeerblatt entfernen. Im Mixer mit der dritten geschälten Knoblauchzehe, dem Saft von 2 Zitronen, der Sesampaste, etwas Kochwasser und Sesamöl zu einer Paste mixen. Mit Curry, Salz und Pfeffer würzen. Mit einem Schuss Sesamöl beträufeln und mit schwarzem Sesam bestreuen.

vegan ✓
laktosefrei ✓
glutenfrei ✓

Rote-Rüben-Humus

Zutaten:
300 g Kichererbsen
Kichererbsenkochwasser
150 g Sesampaste (Tahin)
2 Knoblauchzehen
4 EL Olivenöl extra vergine
2 Zitronen
1 Lorbeerblatt
1 kleine Rote Rübe (Rote Bete)
1 cm frischer Kren (Meerrettich)
1 TL gemahlener Kümmel
Salz
Pfeffer aus der Mühle

Getrocknete Kichererbsen über Nacht in Wasser einweichen. Am Folgetag in reichlich Wasser mit dem Lorbeerblatt und 2 geschälten Knoblauchzehen 1 Stunde weich kochen. Rote Rübe parallel dazu weich dämpfen. Anschließend die Kichererbsen abseihen, dabei etwas von dem Kochwasser aufheben und Lorbeerblatt entfernen. Im Mixer mit dem Saft von 2 Zitronen, der Sesampaste, etwas Kochwasser, der gekochten Roten Rübe und Olivenöl zu einer sämigen Paste mixen. Mit gemahlenem Kümmel, geriebenem Kren, Salz und Pfeffer abschmecken.

vegan ✓
laktosefrei ✓
glutenfrei ✓

Humus mit Schwarzkümmel und scharfem Paprika

Zutaten:
300 g Kichererbsen
Kichererbsenkochwasser
150 g Sesampaste (Tahin)
3 Knoblauchzehen
4 EL Olivenöl
2 Zitronen
1 Lorbeerblatt
1 Handvoll gehackte Petersilie
1 TL scharfes Paprikapulver
1 TL gemahlener Kreuzkümmel
1 TL Schwarzkümmelsamen
1 Schuss Schwarzkümmelöl
Salz

Getrocknete Kichererbsen über Nacht in Wasser einweichen. Am Folgetag in reichlich Wasser mit dem Lorbeerblatt und 2 geschälten Knoblauchzehen 1 Stunde weich kochen. Anschließend die Kichererbsen abseihen, dabei etwas von dem Kochwasser aufheben und das Lorbeerblatt entfernen. Im Mixer mit der dritten geschälten Knoblauchzehe, dem Saft von 2 Zitronen, der Sesampaste, etwas Kochwasser und Olivenöl zu einer Paste mixen. Gehackte Petersilie, Paprikapulver, Kreuzkümmel, Schwarzkümmelsamen und einen Schuss Schwarzkümmelöl beifügen. Mit Salz abschmecken.

INFO Schwarzkümmel – lateinisch *Nigella sativa* – ist eine alte Heilpflanze, deren Samen und Öl schon jahrtausendelang als Universalheilmittel eingesetzt wurden. Besonders wohltuend wirkt er auf unsere Verdauung. Daher ist er eine willkommene Zutat in der Kombination mit Hülsenfrüchten. Erhältlich sind die Produkte in Reformhäusern und Bioläden.

vegan ✓
laktosefrei ✓
glutenfrei ✓

Schneller Kidneybohnen-Aufstrich mit Koriander

Zutaten:
250 g gekochte Kidneybohnen aus dem Glas
1 TL gemahlene Koriandersamen
1 kleine Knoblauchzehe
1 EL Olivenöl extra vergine
1 Spritzer Limettensaft
Salz
bunter Pfeffer aus der Mühle

Bohnen und geschälte Knoblauchzehe mit etwas von der Bohnenflüssigkeit mit dem Stabmixer pürieren. Mit Olivenöl, Limettensaft, Koriandersamen, Salz und Pfeffer würzen.

 Schmeckt zu Maischips oder Gemüse als Dip.

vegetarisch
laktosefrei
glutenfrei

Curry-Linsen-Aufstrich

Zutaten:
500 g rote Linsen
1 Lorbeerblatt
3 gehäufte TL mildes Currypulver
1/2 TL Kreuzkümmel
1/2 TL gemahlener Koriander
Saft und Abrieb von 1/2 Bio-Zitrone
100 ml Olivenöl extra vergine
schwarzer Pfeffer aus der Mühle
Salz

Linsen waschen und in reichlich Wasser mit einem Lorbeerblatt weich kochen. Mit dem Stabmixer die Linsen mit den Gewürzen und Olivenöl zu einem cremigen Aufstrich mixen. Mit Salz, Pfeffer und dem Zitronensaft und -abrieb abschmecken. Als Brotaufstrich servieren.

vegan
laktosefrei
glutenfrei

Emmer-Linsen-Aufstrich mit Oliven

Zutaten:
50 g Château-Linsen (oder braune Tellerlinsen)
100 g Emmerreis
1 Handvoll entkernte grüne Oliven
1 Prise Fenchelkörner in einem Teefilter
400 ml Gemüsesuppe
1 Bio-Zitrone
1 Knoblauchzehe
2 Zweige frischer Thymian
Olivenöl extra vergine
Salz
Pfeffer aus der Mühle

Linsen und Einkornreis in Gemüsesuppe mit den Fenchelsamen (am besten in einem Teefilter, der nach dem Kochen wieder entfernt wird) sehr weich kochen (rund 25–30 Minuten) und mit den Oliven und einem Schuss Olivenöl zu einer sämigen Paste pürieren. Knoblauch schälen und sehr fein hacken. Thymian waschen und einen Zweig abrebeln.

Den Aufstrich mit dem Saft und Abrieb einer Bio-Zitrone, gehacktem Knoblauch, Thymian, Salz und Pfeffer aus der Mühle abschmecken. Mit dem Thymianzweig dekorieren und mit getoastetem Bauernbrot servieren.

TiPP Statt Emmerreis können Sie auch Dinkelreis oder Einkornreis verwenden. Wenn Sie genug Zeit haben, können Sie auch das volle, unpolierte Korn verwenden – dann sollten Sie dies aber am Vortag in Wasser einweichen und eine längere Kochzeit für das Getreide kalkulieren.

vegen ✓
laktosefrei ✓

Walnuss-Kräuter-Pesto auf georgische Art

Zutaten:

30 g Walnüsse
80 g Schafskäse
10 g Dille
20 g Petersilie
20 g Schnittlauch
10 g Koriandergrün
15 g Basilikum
5 g Minze
1 Frühlingszwiebel (Jungzwiebel)
25 g Olivenöl extra vergine
etwas Saft von 1 Bio-Zitrone
Salz
Pfeffer aus der Mühle

Kräuter waschen und verlesen. Frühlingszwiebel waschen und in Stücke schneiden.

Alle Zutaten in der Küchenmaschine oder im Mörser zu einer sämigen Paste zerkleinern.

TiPP Das Pesto passt zu Nudeln, Kartoffeln, Gemüse oder einfach aufs Brot.

vegetarisch ✓
glutenfrei ✓

Wildkräuter-Sonnenblumenkern-Pesto

Zutaten:
30 g Brennnesseln
20 g Bärlauch
20 g Giersch
50 g Rucola
25 g Petersilie
60 g Sonnenblumenkerne
70 g Sonnenblumenöl
2 Knoblauchzehen
Abrieb und Saft von 1 Bio-Zitrone
Salz
Pfeffer aus der Mühle

Wildkräuter waschen und verlesen. Alle Zutaten in der Küchenmaschine oder dem Mörser zu einer sämigen Paste zerkleinern. Mit Zitronensaft, Abrieb, Salz und Pfeffer abschmecken.

INFO Giersch ist ein aromatisches Wildgemüse, das ähnlich wie Spinat zubereitet werden kann. Es enthält u. a. Kalium, Vitamin C, Karotin und Eisen.

vegan ✓
laktosefrei ✓
glutenfrei ✓

Spinat-Walnuss-Pesto

Zutaten:
50 g Walnüsse
100 g Blattspinat
20 g Basilikumblätter
2 Knoblauchzehen
45 g Parmesan
etwas Saft und Abrieb von
1 Bio Zitrone
25 g Olivenöl
Salz
Pfeffer aus der Mühle

Knoblauch schälen und Keimling entfernen. Spinat und Basilikumblätter waschen und verlesen. Alle Zutaten in der Küchenmaschine oder im Mörser zu einer sämigen Paste zerkleinern.

Pesto in sterilisierte Schraubgläser abfüllen.

TiPP Wer die Schraubgläser im Wasserdampf 30 Minuten einkocht, sodass anschließend ein Vakuum entsteht, kann das Pesto länger aufheben.

vegetarisch ✓
glutenfrei ✓

Pikante Cashewkerncreme mit Koriander und Kokos

Zutaten:

10 g Koriandersamen
150 g Koriandergrün
150 g Cashewkerne
50 g Kokosraspeln
1/2 kleine Chili
100 g Sonnenblumenöl
Abrieb und Saft von 2 Limetten
Salz
Pfeffer

Koriander waschen und verlesen. Koriandersamen und Cashewkerne in der Küchenmaschine oder im Mörser zerkleinern. Chili von Seitenwänden und Kernen befreien. Restliche Zutaten beifügen und alles zu einer feinen Creme mörsern und hacken. Mit Salz, Pfeffer und Limette abschmecken.

TiPP Die Creme passt zu asiatischen Wok-Gerichten und gegrilltem Gemüse. Sie eignet sich auch zum Würzen von Suppen, Currys und Salatdressings.

vegan ✓
laktosefrei ✓
glutenfrei ✓

Hauptspeisen & Beilagen

Kichererbsen mit Bärlauch auf spanische Art

Zutaten:

250 g Bärlauch
800 g gekochte Kichererbsen
ca. 250 ml Kichererbsenkochwasser
3 Knoblauchzehen
1–2 altbackene Dinkelsemmeln oder ein Stück Dinkelweißbrot
Olivenöl extra vergine
2 EL gemahlener Kreuzkümmel
Salz

Knoblauch schälen und grob hacken. Weißbrot mit dem Knoblauch in etwas Olivenöl anrösten. Mit 200 g von den gekochten Kichererbsen und dem Kochwasser vermengen, mit dem Stabmixer pürieren. So viel Flüssigkeit beifügen, dass eine sämige, dickflüssige Sauce entsteht. Diese mit Salz, Pfeffer, Kreuzkümmel und Zitronensaft abschmecken.

Bärlauch verlesen, waschen und in Streifen schneiden. In Olivenöl ansautieren, die gekochten Kichererbsen beifügen und kurz erwärmen. Die Sauce darunter mischen und heiß servieren.

TiPP Wenn keine Bärlauchsaison ist, verwenden Sie stattdessen Blattspinat und die doppelte Menge Knoblauch.

vegan ✓
laktosefrei ✓

Okras mit Kichererbsen auf Sri-Lanka-Art

Zutaten:

250 g Okraschoten
250 g gekochte Kichererbsen
etwas Kichererbsenkochwasser
1 fein gehackte Zwiebel
3 fein gehackte Knoblauchzehen
1 TL Senfkörner
3 Curryblätter
Salz
Sonnenblumenöl

Zwiebel, Knoblauch und Senfkörner in Öl anrösten. Wenn die Pfanne ganz heiß ist, die Okraschoten dazugeben und 3 Minuten braten.

Kichererbsen beifügen, mit etwas Kochwasser aufgießen, Curryblätter dazugeben und mit Salz abschmecken. Mit Reis servieren.

INFO Die Okra (auch bekannt als Gemüse-Eibisch) ist eine Malvenart und wird auch in der türkischen, orientalischen und indischen Küche gerne verwendet. Die Samen der Okras sind ebenfalls sehr eiweißhaltig.

vegan ✓
laktosefrei ✓
glutenfrei ✓

Schnelles pikantes Kichererbsen-Kokos-Curry

Zutaten:

450 g gekochte Kichererbsen
(aus der Dose oder dem Glas)
400 ml Kokosmilch
2 EL rote Thai-Currypaste *
1 Chili
1 Bio-Zitrone
1 Handvoll schwarzer Sesam
Sojasauce

Den festen Teil der Kokosmilch erhitzen und die Currypaste darin anrösten. Chili entkernen, fein hacken und beifügen. Mit der restlichen Kokosmilch aufgießen. Die Kichererbsen dazugeben und etwas köcheln lassen. Mit dem Saft und etwas Abrieb einer Bio-Zitrone und Sojasauce abschmecken. Mit etwas schwarzem Sesam bestreuen und heiß servieren.

TiPP Wer an Glutenunverträglichkeit leidet, würzt statt mit Sojasauce mit Tamari oder Salz.

In Reformhäusern und Bioläden sind auch vegetarische bzw. vegane Thai-Currypasten zu finden. Im Asialaden sind diese mit getrockneten Shrimps hergestellt und daher nicht vegetarisch/vegan.

Warmer Minzspinat mit gerösteten Walnüssen

Zutaten:
250 g Blattspinat
2 Frühlingszwiebeln (Jungzwiebeln)
2 Knoblauchzehen
1 Handvoll frische Minze
1 Bio-Zitrone
Salz
Pfeffer aus der Mühle
Olivenöl extra vergine
1 Prise getrocknete Algen
1 Handvoll Walnüsse

Den Spinat verlesen und waschen. Frühlingszwiebeln säubern, Knoblauch schälen und fein hacken. Minze abzupfen. In Olivenöl kurz ansautieren und mit etwas Zitronensaft, Salz und Pfeffer abschmecken. Getrocknete Algen einrühren.

Walnüsse in einer Pfanne ohne Fett rösten.

Den Spinat mit den Walnüssen servieren.

Cassoulet de Légumes

Zutaten:

250 g getrocknete weiße Bohnen
200 g Stangensellerie
200 g Zucchini
200 g Melanzani (Auberginen)
3 mittelgroße Fleischtomaten
1 Zwiebel
3 Knoblauchzehen
1 Lorbeerblatt
1 Rosmarinzweig
1 Zweig Bohnenkraut
1 Lavendelzweig
100 g Dinkelvollkornbrösel
7 EL Olivenöl extra vergine
frisch gemahlener bunter Pfeffer
500 ml Gemüsesuppe
Salz

Bohnen über Nacht in Wasser einweichen. Das Einweichwasser wegleeren und in Gemüsesuppe mit Lorbeerblatt, Rosmarin, Lavendel und Bohnenkraut auf kleiner Flamme rund 1 Stunde weich kochen. Die mitgekochten Gewürze aus den Bohnen entfernen.

Zucchini, Melanzani und Stangensellerie waschen, Stielansätze entfernen und in mundgerechte Würfel schneiden. Tomaten waschen, Strunk entfernen und ebenfalls in mittelgroße Würfel schneiden. Nun das Gemüse nach und nach in den Bohnentopf beifügen: Zuerst gehackten Knoblauch und Zwiebel, anschließend Stangensellerie, dann Zucchini, Melanzani und Tomaten dazugeben und alles gar kochen.

Den Cassoulet mit Dinkelbröseln bestreuen und mit der Grillfunktion im Rohr kurz überbacken.

Heiß in Tonschalen und mit Brot servieren.

INFO Als Cassoulet bezeichnet man einen Eintopf aus dem Süden Frankreichs, der traditionellerweise mit jeder Menge Speck, Würsten, Lamm, Ente oder Gans gekocht wird. Mit diesem Rezept wollen wir zeigen, dass auch sein fleischloses Äquivalent sich sehen – oder besser – schmecken lassen kann!

Grünes Mungbohnencurry mit Kartoffeln und Koriander

Zutaten:
700 g festkochende Kartoffeln
250 g getrocknete Mungbohnen
800 ml Kokosmilch
2–3 EL grüne Thai-Currypaste*
1 Bund frisches Koriandergrün
1 kleines Stück Meeresalgen
1 Bio-Limette
Salz

Getrocknete Mungbohnen mindestens 12 Stunden in Wasser einweichen, bis sie leicht zu keimen beginnen.

Den festen Teil der Kokosmilch im Topf erhitzen und die Currypaste darin anrösten. Mit dem Schneebesen durchrühren, sodass eine sämige Sauce entsteht. Diese köcheln lassen, bis sie Blasen wirft. Mit der restlichen Kokosmilch aufgießen. Die Mungbohnen beifügen, das Algenstück dazugeben und bei geringer Hitze 20 Minuten köcheln. In der Zwischenzeit die Kartoffeln schälen und in kleine Würfel (ca. 1 cm) schneiden. Zum Curry geben und alles so lange weiter kochen, bis die Kartoffeln und die Mungbohnen weich sind. Algenstück entfernen, mit Limettensaft und Salz abschmecken.

Koriandergrün waschen und abzupfen und unter das Curry mischen. Heiß servieren.

** Im Reformhaus oder Bioladen erhalten Sie vegane Thai-Currypasten. **Achtung:** In den Produkten, die Sie im Asialaden erhalten, sind getrocknete Shrimps enthalten!*

Linsen-Kartoffelpuffer mit Kren-Joghurt

Zutaten:
1 kg festkochende Kartoffeln
400 g weich gekochte Provencal-Linsen
1 Zwiebel
4 Eier
Salz
Pfeffer
Olivenöl

1 Handvoll Gartenkresse zum Dekorieren

Für den Dip:
2 Becher Schafsjoghurt
1 Stück Kren (Meerrettich)
Salz
Pfeffer

Kartoffeln schälen und grob raspeln. Zwiebel schälen und fein hacken. Geraspelte Kartoffeln auspressen und mit den weich gekochten Linsen, der gehackten Zwiebel und den Eiern vermengen. Mit Salz und Pfeffer würzen.

Olivenöl in einer Pfanne erhitzen und mit dem Löffel die Linsen-Kartoffel-Masse hineinsetzen. Erst wenn die Unterseite durch das Braten fest geworden ist, die Puffer wenden und auf der anderen Seite ebenfalls goldbraun backen.

Für den Dip Schafsjoghurt mit fein geriebenem Kren vermischen und mit Salz und Pfeffer würzen.

Die Linsen-Kartoffel-Puffer mit Kresse bestreuen und mit dem Dip servieren.

vegetarisch ✓
glutenfrei ✓

Balsamico-Linsen-Püree mit gebratenem Räuchertofu

Zutaten:

500 g mehlige Kartoffeln
300 g getrocknete grüne Linsen
1 kleiner Zweig Bohnenkraut
1 Lorbeerblatt
1/2 Bund Petersilie
2 EL Olivenöl extra vergine
1 EL Balsamicoessig
Salz
Pfeffer aus der Mühle

400 g Räuchertofu
2 EL Olivenöl extra vergine

Linsen über Nacht einweichen, Einweichwasser abgießen und in reichlich Wasser mit dem Lorbeerblatt und dem Bohnenkraut rund 45 Minuten (je nach Sorte und Packungsangabe) weich dämpfen. Kartoffeln schälen und weich kochen. Linsen abseihen. Kartoffeln und die Hälfte der Linsen zu einem Brei stampfen, dann die restlichen Linsen im Ganzen unterrühren. Petersilie hacken und untermischen. Mit Salz, Pfeffer, Balsamico und Olivenöl abschmecken. Räuchertofu in Würfel schneiden und in der Pfanne mit Olivenöl knusprig braten. Den Räuchertofu auf dem Linsenpüree servieren.

vegan ✓
laktosefrei ✓
glutenfrei ✓

Linsencurry mit Tomaten

Zutaten:
250 g rote Linsen
2 cm frischer Ingwer
600 g Tomaten
1 Zwiebel
4 Knoblauchzehen
1 entkernte rote Chili
(ohne Seitenwände)
2 EL Koriandersamen
1/2 TL Fenchelsamen (in einem
Teefilter mitgekocht)
3 EL Butterschmalz (ersatzweise
Kokosfett für Veganer)
1 Bund frisches Koriandergrün
1 TL Garam Masala
1 TL gemahlener Bockshornklee
1 Bio-Zitrone
Salz
schwarzer Pfeffer

Rote Linsen waschen und in reichlich Wasser fast gar kochen. Knoblauch, Zwiebel und Ingwer schälen und fein hacken. Tomaten blanchieren, entkernen, vom Strunk befreien und grob hacken. Chili ganz fein hacken.

Butterschmalz erwärmen, Knoblauch, Zwiebel und Ingwer darin anrösten. Korianderkörner und Chili beifügen, weiterrösten und anschließend die Tomaten dazugeben. Alles zum Kochen bringen. Fenchel in einem Teefilter mitkochen und nach dem Kochen wieder entfernen. Nun die gekochten Linsen beifügen und mit Bockhornklee und Garam Masala würzen.

Gehacktes Koriandergrün einrühren und mit Zitronensaft, Salz und schwarzem Pfeffer abschmecken.

Als Beilage oder als Hauptspeise mit Reis servieren.

Gelbes Linsen-Bananen-Curry

Zutaten:

400 g getrocknete gelbe Linsen
2 Bananen
2 Zwiebeln
1 cm fein geraspelte Ingwerknolle
2 Knoblauchzehen
2 Lorbeerblätter
4 TL ganzer Kreuzkümmel
4 TL gemahlener Kurkuma (Gelbwurz)
1 Prise Asant (Asa foetida)
2 TL gemahlener Bockshornklee
1 TL gemahlener Kardamom
2 TL Garam Masala
Butterschmalz
(vegane Alternative: Kokosfett)
1 Bio-Zitrone
Gemüsesuppe oder Wasser
Salz
Pfeffer

Zwiebeln und Knoblauch schälen und fein hacken. Butterschmalz erhitzen und die Gewürze darin anrösten, Zwiebel, Ingwer und Knoblauch beifügen und braten. Linsen waschen, dazugeben und mit Gemüsesuppe oder Wasser – Menge nach Packungsanleitung – aufgießen. Bananen schneiden und darunter mischen. So lange köcheln, bis die Linsen gar sind. Mit etwas Zitronensaft, Salz und Pfeffer abschmecken.

 Dazu passen Reis oder Fladenbrot.

vegetarisch ✓
glutenfrei ✓

Ursulas feuriges Gewürz-Linsen-Dal

Zutaten:
3 mittelgroße Zwiebeln
1 Gelbe Rübe
1 Karotte
2 große Knoblauchzehen
400 g rote Linsen
2 EL Ghee (Butterschmalz) oder Kokosfett
1 Lorbeerblatt
ein paar Zweige frisches Bohnenkraut
1 Zweig frischer Thymian
1,5 cm frische Ingwerwurzel
1–2 l Gemüsesuppe
1 Zitrone
Salz
schwarzer Pfeffer aus der Mühle

Für die Gewürzmischung:
1 gehäufter TL ganze Koriandersamen
1 Msp. Asa foetida („Teufelsdreck")
1 TL braune Senfsamen
1/2 TL gelbe Senfsamen
1 TL Ajowan (indisches Gewürz)
1 Msp. gemahlener Galgant
1 TL Schwarzkümmel-Samen
1 gehäufter TL ganzer Kreuzkümmel
1 TL gemahlener Kreuzkümmel
1/2 TL Chilipulver
1 TL Kurkuma
1/4 TL ganzer Bockshornklee

Zwiebeln und Knoblauch schälen und fein hacken. Rübe und Karotte waschen und in sehr kleine Würfelchen schneiden. Linsen waschen.

Für die Gewürzmischung die trockenen Gewürze im Mörser oder in der Küchenmaschine grob mahlen. Butterschmalz (Ghee) in einem Topf erhitzen und die Gewürze darin anrösten, bis sie intensiv duften. Zwiebel beifügen und weiterrösten, bis dieser goldgelb und glasig wird. Nun Karotte und Rübe dazugeben und weiterbraten. Gehackten Knoblauch beigeben.

Nun die Linsen hinzufügen, auch kurz mitrösten und anschließend mit rund 750–1000 ml heißer Gemüsesuppe aufgießen. Lorbeer, Bohnenkraut und Thymian beifügen und alles eine Zeit lang köcheln. Je nach gewünschter Konsistenz und Beschaffenheit der Linsen nach rund 30 Minuten abermals mit Suppe aufgießen und weitere 30–45 Minuten auf kleiner Flamme weiter köcheln. Kurz vor dem Servieren frischen Ingwer schälen und fein hacken und unter das Dal rühren. Mit Salz, Pfeffer und Zitronensaft abschmecken und heiß mit Reis oder Fladenbrot servieren.

TIPP Für eine vegane Variante Kokosfett statt Butterschmalz zum Kochen verwenden!

Rote-Linsen-Gemüse-Eintopf

Zutaten:
200 g getrocknete rote Linsen
1 Lauch
3 Karotten
1/2 Sellerieknolle
2 Knoblauchzehen
2 cm frischer Ingwer
750 ml Gemüsesuppe
1 EL Tomatenmark
1 TL Currypulver
1 TL gemahlener Koriander
1 Bio-Zitrone
Salz
schwarzer Pfeffer
Olivenöl extra vergine

Lauch waschen und in Ringe schneiden. Karotten und Sellerie schälen und in kleine Würfel schneiden. Knoblauch und Ingwer schälen und fein hacken. Linsen waschen.

Das Gemüse in etwas Olivenöl anrösten, Linsen beifügen und mit Gemüsesuppe aufgießen. Tomatenmark, Curry und Koriander beifügen und Linsen weich kochen. Mit Salz, Pfeffer, Saft und Abrieb einer Bio-Zitrone abschmecken und heiß servieren.

vegan ✓
laktosefrei ✓
glutenfrei ✓

Penne mit Linsen-Tomaten-Sauce

Zutaten:
500 g Penne (oder andere Nudeln)

Für die
Linsen-Tomaten-Sauce:
Olivenöl extra vergine
1 Zwiebel
2 Knoblauchzehen
2 Karotten
400 ml Tomatenpulpe
300 g gekochte braune Linsen
1 Bund frische mediterrane
Kräuter (Oregano, Basilikum etc.)
Salz
Pfeffer

Für das Sugo Zwiebel und Knoblauch schälen und fein hacken. Karotten schälen und in kleine Würfel schneiden. Alles in Olivenöl anrösten, Tomaten und Linsen dazugeben und so lange weiterkochen, bis die Sauce etwas eindickt. Mit gehackten Kräutern, Salz und Pfeffer abschmecken.

Nudeln in Salzwasser al dente kochen und in Olivenöl schwenken.

Die Nudeln mit der Linsen-Tomaten-Sauce heiß servieren.

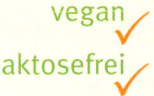

Linsen auf Sri-Lanka-Art

Zutaten:
300 g rote Linsen
150 ml Kokosmilch
1 fein gehackte Zwiebel
3 Knoblauchzehen
3 Curryblätter
1 TL Kurkuma (Gelbwurz)
1 TL Senfkörner
1 TL Paprikapulver
3 EL Butterschmalz
Salz

Linsen waschen und kochen, bis sie gelb und groß sind (ca. 5–8 Minuten). Gehackten Knoblauch und Kurkuma ins Kochwasser dazugeben.

In einer neuen Pfanne Butterschmalz zerlassen und Zwiebel darin anrösten. Curryblätter, Senfkörner, Paprikapulver hinzufügen und ebenfalls anrösten, dann die Linsen mit dem verbliebenen Kochwasser beifügen, salzen und mit Kokosmilch aufgießen.

vegetarisch ✓
glutenfrei ✓

Hauptspeisen & Beilagen • **Grünes** Eiweiß 99

Äthiopische Berbere-Linsen

Zutaten:

350 g braune, getrocknete Linsen
1 rote Zwiebel
1 cm frischer Ingwer
3 Knoblauchzehen
1 kleine rote Chili (ohne Kerne und Seitenwände)
1 TL äthiopische Berbere-Gewürzmischung
1 TL Schwarzkümmel
1 Handvoll gehacktes Basilikum
Salz
Pfeffer aus der Mühle
Olivenöl extra vergine
100 ml Gemüsesuppe
1 Bio-Zitrone

Linsen waschen und in Wasser je nach Sorte und Alter der Linsen rund 40 Minuten garen und abseihen.

Zwiebel, Ingwer und Knoblauch schälen und fein hacken. Chili entkernen, von den Seitenwänden befreien und sehr fein hacken. Zwiebel, Ingwer, Knoblauch und Chili in etwas Olivenöl anbraten. Linsen dazugeben und mit etwas Gemüsesuppe aufgießen. Berbere-Gewürz und Schwarzkümmel dazugeben und abermals rund 15 Minuten garen. Mit Salz, Pfeffer und etwas Abrieb und Saft einer Bio-Zitrone abschmecken und mit gehacktem Basilikum bestreut servieren.

INFO Berbere ist eine würzig-scharfe, äthiopische Gewürzmischung aus Paprika, Ingwer, Kardamom, Zimt, Piment, Knoblauch und Chili, die sich besonders gut für Linsen- und Gemüseeintöpfe eignet.

Sie ist in manchen Bioläden erhältlich – lässt sich mit oben genannten Gewürzen aber auch ganz nach dem eigenen Geschmack zusammenstellen.

vegan ✓
laktosefrei ✓
glutenfrei ✓

Currylinsen mit gebratenen Bananen

Zutaten:

500 g gekochte braune Linsen
125 ml Linsenkochwasser oder Gemüsesuppe
2 Zwiebeln
2 Tomaten
2 EL süßes Currypulver
1 Lorbeerblatt
1 EL Dinkelvollkornmehl
1 Bio-Zitrone
4 Bananen
etwas Ghee (Butterschmalz)
Salz
Pfeffer aus der Mühle

Die Zwiebeln schälen und fein hacken. Tomaten waschen, Strunk entfernen und in mundgerechte Würfel schneiden. Ghee in der Pfanne schmelzen lassen, Zwiebeln darin anrösten, Tomatenstücke beifügen und braten. Currypulver einstreuen und kurz mitrösten. Dinkelmehl einstreuen, rösten und mit Linsenkochwasser oder Gemüsesuppe aufgießen. Die gekochten Linsen und ein Lorbeerblatt dazugeben und etwas kochen lassen.

Mit etwas Abrieb einer Bio-Zitrone, einem Spritzer Zitronensaft, Salz und Pfeffer aus der Mühle abschmecken. Lorbeerblatt entfernen.

In einer Extrapfanne einen Löffel Butterschmalz schmelzen lassen und darin in schräge Scheiben geschnittene Bananenstücke goldbraun braten.

Die Bananen mit den Currylinsen servieren.

vegetarisch

Lasagne mit Pilzen, Spinat und Nuss-Béchamel-Sauce

Zutaten:
1 Packung Lasagneblätter
500 g gemischte Pilze (Austernpilze, Shiitakepilze, braune Champignons etc.)
500 g frischer Blattspinat
5 Knoblauchzehen
1 große Zwiebel
1 Bio-Zitrone
Salz
Pfeffer
Olivenöl extra vergine

Für die Nuss-Béchamel-Sauce:
150 g gemischte, grob gehackte Nüsse (Mandeln, Haselnüsse, Walnüsse etc.)
60 g Butter
60 g Dinkelmehl
1 l Milch
Salz
Pfeffer
Muskatnuss

Zwiebel und Knoblauch schälen und fein hacken. Pilze putzen und in mundgerechte Stücke schneiden. Blattspinat verlesen, waschen, blanchieren und anschließend ausdrücken. Mit der Hälfte des gehackten Knoblauchs und einem Schuss Olivenöl verrühren. Mit Salz und Pfeffer würzen. Beiseite stellen.

Zwiebel und restlichen Knoblauch in Olivenöl anbraten, Pilze dazugeben und braten. Mit etwas Zitronensaft, Abrieb einer Bio-Zitronenschale, Salz und Pfeffer würzen und beiseite stellen.

Für die Béchamelsauce Nüsse in einer Pfanne ohne Öl rösten, bis sie duften. Butter in einem Topf zerlassen, Dinkelmehl einrühren und mit Milch schluckweise aufgießen und mit einem Schneebesen verrühren, bis eine sämige Sauce entsteht. Diese mit Salz, Pfeffer und Muskatnuss würzen und die Hälfte der Nüsse unterrühren.

Nun eine Auflaufform mit Olivenöl auspinseln und abwechselnd eine Lage Lasagneblätter, eine Lage Spinat und eine Lage Nuss-Béchamel-Sauce schichten, bis alles aufgebraucht ist. Mit Lasagneblättern und Nuss-Béchamel-Sauce abschließen. Mit den restlichen gehackten Nüssen bestreuen.

Im vorgeheizten Rohr je nach Packungsanleitung der Lasagneblätter bei 200 °C rund 30–40 Minuten backen.

TiPP Für Veganer die Béchamel mit Olivenöl (statt Butter) und Reismilch (statt Milch) kochen.

Austernpilzsauce mit Steinpilzen und Erbsen

Zutaten:
250 g Austernpilze
2 EL getrocknete Steinpilze oder Steinpilzmehl
2 kleine Zwiebeln
1 Handvoll Erbsen (tiefgekühlt)
Gemüsesuppenwürze
1 Becher Obers (Sahne)
1 Bund Petersilie
etwas Saft von 1 Zitrone
Salz
Pfeffer
Olivenöl extra vergine

Getrocknete Steinpilze in etwas Wasser einweichen und vollsaugen lassen.

Zwiebeln schälen und klein schneiden. Austernpilze säubern und in mundgerechte Stücke schneiden. Petersilie waschen und fein hacken.

Zwiebeln in Olivenöl anrösten, Austernpilze beifügen und mitrösten. Die eingeweichten Steinpilze und etwas vom Einweichwasser (wenig!) dazugeben, mit Gemüsesuppenwürze aromatisieren und mit Obers aufgießen. Etwas köcheln lassen, bis die Pilze gar sind. Erbsen darunter rühren und mit gehackter Petersilie, etwas Zitronensaft, Salz und Pfeffer abschmecken.

Mit Reis, Nudeln oder Knödeln servieren.

vegetarisch ✓
glutenfrei ✓

Einkornrisotto mit Shiitakepilzen, Champignons und Zitrone

Zutaten:
300 g Einkornreis
200 g Shiitakepilze
200 g Champignons
2 kleine Zwiebeln (oder 1 große)
60 g Parmesan
1 l Gemüsesuppe
250 ml trockener Weißwein
125 ml Obers (Sahne)
1 Bio-Zitrone
Olivenöl extra vergine
Salz
Pfeffer aus der Mühle

Pilze putzen und in mundgerechte Stücke schneiden. Zwiebeln schälen und fein hacken. Parmesan reiben.

Olivenöl in einer Pfanne erhitzen und die Zwiebeln darin anschwitzen. Pilze beifügen und so lange sautieren, bis diese zusammenfallen. Einkornreis waschen und dazugeben, etwas durchrösten und schluckweise mit Weißwein und anschließend mit Suppe aufgießen. Immer wieder umrühren. Rund 25 Minuten leise köcheln. Kurz vor Ende der Garzeit geriebenen Parmesan und Obers beifügen und mit etwas Zitronenabrieb, Salz und Pfeffer abschmecken.

vegetarisch

Bohnen in Fenchel-Tomatensauce

Zutaten:
1 Fenchelknolle
2 große sonnengereifte Tomaten
1 Knoblauchzehe
400 g gekochte weiße Bohnen aus der Dose oder dem Glas
getrocknetes Bohnenkraut
Salz
Pfeffer aus der Mühle
Olivenöl extra vergine

Fenchel waschen und in kleine Stücke schneiden. Tomaten waschen, Strunk entfernen und in kleine Stücke schneiden. Knoblauch schälen und fein hacken. Fenchel in Olivenöl anbraten. Knoblauch beifügen. Tomaten dazugeben und weiterbraten, bis ein Großteil der Flüssigkeit verkocht ist. Gekochte Bohnen beifügen und noch etwas weiter köcheln lassen. Mit Bohnenkraut, Salz und Pfeffer würzen.

TiPP Mit Schwarzbrot und Spiegelei servieren!

vegan ✓
laktosefrei ✓
glutenfrei ✓

Schwarzaugenbohnen-Reis mit Gemüse

Zutaten:
125 g Schwarzaugenbohnen
100 g Zwiebeln
2 Knoblauchzehen
100 g Stangensellerie
200 g grüne Paprikaschoten
400 g sonnengereifte Tomaten (ersatzweise auch aus der Dose)
200 g Parboiled-Reis
300 ml Gemüsesuppe oder heißes Wasser
1 Zweig Bohnenkraut
1 EL getrockneter Thymian
1 Bund Petersilie
Salz

Die Schwarzaugenbohnen über Nacht in reichlich Wasser einweichen. Am nächsten Tag rund 15 Minuten vorkochen. Die Bohnen sollten noch nicht ganz gar sein.

Zwiebeln und Knoblauch schälen und fein hacken. Gemüse waschen. Tomaten blanchieren und enthäuten. Strunk entfernen und in mundgerechte Stücke schneiden. Stangensellerie in Scheiben schneiden. Paprika von Seitenwänden und Kerngehäuse befreien und in Würfel schneiden.

Zwiebeln, Knoblauch, Paprika und Stangensellerie in Olivenöl anschwitzen. Reis, vorgekochte Bohnen und Tomaten beifügen. Mit heißer Suppe oder Wasser aufgießen. Einen Bohnenkrautzweig beifügen und auf mittlerer Flamme rund 15 Minuten weich dünsten. Bohnenkraut entfernen. Petersilie waschen und fein hacken. Den Bohnen-Reis kräftig mit getrocknetem Thymian, Salz und Pfeffer würzen und mit Petersilie bestreut servieren.

vegan ✓
laktosefrei ✓
glutenfrei ✓

Hirse-Bohnen-Auflauf auf mediterrane Art

Zutaten:

200 g Hirse
100 g gekochte große, weiße Bohnen (Dose oder Glas)
2 Eier
1 Fenchelknolle
7 mittelgroße, reife Tomaten
1 Stange vom Stangensellerie
1 Zucchini
1 Zwiebel
3 Knoblauchzehen
1/2 Bund Petersilie
1/2 Bund frisches Oregano
1/2 Bund frisches Basilikum
1 Zweig frischer Thymian
bunter, frisch gemahlener Pfeffer
300 g Parmesan oder Manchego-Käse
1/2 TL Rosenpaprika
2 EL Olivenöl extra vergine
Salz
Pfeffer

Gemüse waschen. 5 Tomaten würfeln, davon 2 Tomaten in feine Scheiben schneiden. Zwiebel und Knoblauch schälen und hacken. Das restliche Gemüse in mittelgroße Würfel schneiden. Die Hirse in doppelter Menge Wasser weich dünsten. Kräuter waschen und hacken.

Die weichgekochte Hirse in eine große Rührschüssel geben und mit dem würfelig geschnittenen Gemüse, den Bohnen, den Eiern, dem Großteil der gehackten Kräuter und 1 EL Olivenöl verrühren.

Zwiebel, Knoblauch und die gewürfelten Tomaten beifügen. Mit Salz und Pfeffer würzen. Käse reiben. Die Hälfte des Käses dazugeben. Mit etwas Rosenpaprika würzen und kräftig verrühren.

In eine mit Öl bestrichene Auflaufform füllen und mit dem restlichen Käse bestreuen. Mit Tomatenscheiben belegen und im Rohr bei 160 °C 40 Minuten backen. Etwas abkühlen lassen und mit frischen Kräutern dekorieren.

Schwarzes Bohnenpüree mit Chili und Schafskäse

Zutaten:
200 g schwarze Bohnen
1 Zwiebel
2 Knoblauchzehen
1 Zweig Zitronenmelisse
2 Lorbeerblätter
2 Chilis
250 g Schafskäse
2 Löffel Butterschmalz
Kreuzkümmel
1 Limette
Salz
Pfeffer

Die Bohnen über Nacht einweichen und anschließend in reichlich Wasser (rund 5 cm über den Bohnen) mit den geschälten Knoblauchzehen, dem Melissenzweig und den Lorbeerblättern ca. 2 Stunden auf mittlerer bis niedriger Hitze weich kochen. Lorbeerblätter entfernen und mit dem Stabmixer pürieren. Wenn die Paste zu fest ist, noch etwas heißes Wasser dazugießen. Wenn sie zu flüssig ist, noch ein bisschen einkochen lassen.

Gehackte Zwiebel In Butterschmalz anbraten und in das Bohnenpüree einrühren. Kräftig mit Kreuzkümmel, etwas Limettensaft, Salz und Pfeffer abschmecken.

Chilis entkernen und fein hacken.

Das Bohnenpüree mit zerkrümeltem Schafskäse und gehackten Chilis bestreut servieren.

TiPP Dazu passen Reis, Tortillas oder Fladenbrot!

vegetarisch ✓
glutenfrei ✓

Quinoa-Bohnen-Laibchen

Zutaten:
200 g Quinoa
100 g getrocknete Tomaten
1 Fenchelknolle
1 Knoblauchzehe
1 kleine Zwiebel
200 g gekochte weiße Bohnen
aus der Dose oder dem Glas
1 großes Ei (oder 2 kleine)
30 g geriebener Parmesan
1 Bund frischer Oregano
Salz
Pfeffer aus der Mühle
Olivenöl extra vergine

Quinoa waschen und in Salzwasser mit geringer Hitze je nach Sorte und Packungsanleitung rund 15–20 Minuten weich kochen. Zwiebel und Knoblauch schälen und fein hacken. Fenchel waschen und in kleine Stücke schneiden. Beides in Olivenöl anbraten.

Getrocknete Tomaten grob hacken. Die Bohnen abseihen und den Parmesan reiben.

Nun das gekochte Quinoa mit den Tomaten, gebratenem Fenchel, Zwiebeln, Knoblauch, Bohnen, Käse und dem Ei verrühren. Mit Salz, Pfeffer und gehacktem, frischem Oregano abschmecken. Einen Teil der Bohnen mit einer Gabel zerdrücken. Die Masse zu Laibchen formen und diese in Olivenöl herausbraten. Beachten Sie, dass Sie die Laibchen nicht zu früh wenden, damit diese nicht zerfallen!

TiPP Dazu passen ein knackiger Blattsalat und Ziegenfrischkäse als Dip.

vegetarisch ✓
glutenfrei ✓

Orientalische Ackerbohnen-Laibchen

Zutaten:

300 g geschälte Ackerbohnen
(Dicke Bohnen/Fava-Bohnen)
1 kleiner Bund Petersilie
1 kleiner Bund frisches
Koriandergrün
1 kleiner Bund Dille
1 Bund Schnittlauch
1/2 Bund Frühlingszwiebeln
(Jungzwiebeln)
2 Knoblauchzehen
1 Zwiebel
1 TL Salz
1 Prise Cayennepfeffer
1/2 TL gemahlener Piment
1 Prise gemahlener Ingwer
1 Prise Zimt
1 Prise gemahlene Nelken
1 Prise geriebene Muskatnuss
1 TL Backpulver
2 EL Koriandersamen
100 g Sesam
Frittieröl

Die Bohnen 24 Stunden in Wasser einweichen, danach das Einweichwasser abgießen.

Eingeweichte Bohnen durch die grobe Scheibe des Fleischwolfes drehen oder in der Küchenmaschine zu einem Teig zerkleinern. Die Zwiebeln fein hacken. Anschließend Zwiebeln, Petersilie, Koriander, Dille, Schnittlauch, Cayennepfeffer, Backpulver und Salz in den Teig mischen. Abermals durch den Fleischwolf drehen oder gut zerkleinern. Diesen Teig 1/2 Stunde rasten lassen.

Die Korianderkörner in einem Mörser grob zerstoßen, den Sesam in einer Pfanne ohne Öl anrösten und zu den Korianderkörnern geben. Aus dem Teig etwa walnussgroße Kugeln formen. Mit dem Koriander-Sesamschrot bestreuen und etwas platt drücken. Die Laibchen noch mal etwa 30 Minuten ruhen lassen und danach in heißem Öl goldbraun ausbacken.

TiPP Sie können statt der dicken Bohnen auch Kichererbsen verwenden – dann wird das Gericht „Falafel" genannt.

vegan ✓
laktosefrei ✓
glutenfrei ✓

Einkorn-Walnuss-Laibchen auf cremigem Kräuterspinat

Zutaten:

200 g Einkornreis
1 Frühlingszwiebel (Jungzwiebel)
2 Knoblauchzehen
1 Bund Petersilie
1 Handvoll frischer Oregano
200 g Blattspinat
80 g grob geriebene Walnüsse
1 Ei
100 g geriebener, geräucherter Schafskäse
Salz
Pfeffer aus der Mühle
Olivenöl zum Herausbraten

Für den Kräuterspinat:

500 g Blattspinat
200 g Rucola
3 Frühlingszwiebeln (Jungzwiebeln)
3 Knoblauchzehen
1 Handvoll frische Minze
1 Prise getrocknete, gemahlene Algen
1 Bund Petersilie
1 Becher Crème fraîche
Olivenöl extra vergine
1 Bio-Zitrone
Salz
Pfeffer

Für die Einkornlaibchen den Einkornreis in Salzwasser weich kochen und überkühlen lassen. Mit gehacktem Knoblauch, klein geschnittener Frühlingszwiebel, gehackter Petersilie, Oregano, geriebenen Walnüssen, in Streifen geschnittenem Blattspinat, Ei und geriebenem, geräuchertem Schafskäse zu einer Masse verarbeiten. Einen Teil der Masse eventuell kurz in der Küchenmaschine zerkleinern und mit dem Rest vermischen. Laibchen formen und in heißem Olivenöl goldbraun backen.

Für den Kräuterspinat den Spinat und Rucola waschen und verlesen. Frühlingszwiebeln säubern und in Ringe schneiden. Knoblauch schälen und fein hacken. Kräuter waschen und abzupfen. Nun alles in etwas Olivenöl sautieren, Algen beifügen, Crème Fraîche einrühren und mit etwas Zitronensaft, Salz und Pfeffer abschmecken.

Die Einkorn-Walnuss-Laibchen auf dem Kräuterspinat servieren.

Dinkelspaghettini mit Avocados, Tomaten und Sonnenblumenkernen

Zutaten:
500 g Dinkelspaghettini
(oder andere Nudeln)
2 Avocados
2–3 sonnengereifte Tomaten
1 Handvoll Sonnenblumenkerne
2–3 Frühlingszwiebeln
(Jungzwiebeln)
1 Limette
1 Bund Koriandergrün
Salz
Pfeffer aus der Mühle
Olivenöl extra vergine

Die Nudeln in Salzwasser al dente kochen und abseihen.

Frühlingszwiebeln säubern und in Ringe schneiden. Avocados schälen und in mundgerechte Stücke schneiden. Tomaten waschen, Strunk entfernen und in Würfel schneiden. Koriandergrün waschen und abzupfen. Olivenöl in einer Pfanne erhitzen. Das Gemüse darin kurz erwärmen, gekochte Nudeln beifügen und mit Limettensaft, Koriandergrün, Salz und Pfeffer abschmecken. Mit Sonnenblumenkernen bestreuen und servieren.

Erdnuss-Wurzelgemüse-Curry

Zutaten:
120 g Zwiebeln
1 große Knoblauchzehe
1 cm frischer Ingwer
150 g Pastinaken
250 g Süßkartoffeln (oder Karotten)
200 g Selleriewurzel
3 EL Currypulver
2 EL Erdnussbutter
1 Limette
Salz
400 ml Kokosnussmilch
1 Bund frischer Koriander

Süßkartoffeln, Pastinaken und Sellerie schälen und in ca. 1 cm große Würfel schneiden. Zwiebeln, Ingwer und Knoblauch fein hacken.

Im fetten Teil der Kokosmilch Zwiebeln, Ingwer und Knoblauch anbraten, Currypulver hinzufügen, kurz mitrösten und mit der restlichen Kokosmilch aufgießen. Erdnussbutter einrühren und zuerst den Sellerie beifügen. Rund 5 Minuten leise köcheln lassen, Pastinaken untermischen und weitere 5 Minuten simmern lassen. Anschließend die Süßkartoffeln dazugeben und alles so lange kochen, bis die Süßkartoffeln weich sind. Mit Salz und einem Spritzer Limettensaft abschmecken.

Mit frischem Koriandergrün bestreut servieren.

TiPP Dieses Curry ist sehr nahrhaft und wärmend. Ein ideales Gericht für kalte Wintertage!

vegan ✓
laktosefrei ✓
glutenfrei ✓

Basmati-Cashew-Reis

Zutaten:
200 g Basmatireis
1 EL Butterschmalz (Kokosfett oder Sonnenblumenöl als vegane Alternative)
1 Zwiebel
100 g Cashewnüsse
1 TL Kurkuma (Gelbwurz)
1 Handvoll Curryblätter
Salz

Zwiebel schälen, fein hacken und in Butterschmalz anrösten. Cashewnüsse beifügen und kurz mitrösten. Reis waschen, dazugeben und mit doppelter Menge Gemüsesuppe aufgießen. Kurkuma, Curryblätter und Salz zufügen. Dämpfen, bis der Reis weich ist.

 Sie können statt Kurkuma und Curryblätter auch einfach Currypulver und ein Lorbeerblatt verwenden.

vegetarisch ✓
glutenfrei ✓

Desserts

Amarant-Kirsch-Creme mit Sesam

Zutaten:

100 g Amarant
200 g sonnengereifte Kirschen
1 Vanilleschote
1 Prise Kardamom
1 Prise Zimt
2 EL Honig
1 Handvoll Sesam natur

Den Amarant laut Packungsanleitung mit dem Mark einer Vanilleschote und der dreifachen Menge Wasser weich kochen und ein paar Minuten nachquellen lassen. Die Kirschen entsteinen und mit dem Stabmixer pürieren. Amarant-Brei mit den Kirschen verrühren, mit Kardamom, Zimt und Honig nach Belieben abschmecken.

Die Amarant-Kirsch-Creme in Gläser abfüllen, mit Sesam bestreuen und mit einer Kirsche dekorieren.

vegan ✓
laktosefrei ✓
glutenfrei ✓

Bohnen-Kaffeecreme mit Whiskey

Zutaten:
250 g gekochte weiße Bohnen
50 g Soja Cuisine (oder Obers)
4 EL Espresso
3 TL brauner Zucker
3 EL Melasse oder Honig
Mark von 1/2 Vanilleschote
1 Schuss Whiskey

Bohnen abspülen und abtropfen lassen. Mit dem Stabmixer zerkleinern und die Paste durch ein Sieb streichen. Pürierte Bohnen mit Soja Cuisine, Espresso, Zucker, Melasse, Vanillemark und Whiskey verrühren. In Whiskeygläsern servieren.

ohne Obers vegan ✓
laktosefrei ✓
glutenfrei ✓

Einkorn-Brownies mit Walnüssen

Zutaten:
250 g Rohrohrzucker
3 Eier
150 g Emmer-Vollkornmehl
(alternativ: Weizen- oder Dinkelvollkornmehl)
125 g dunkle Kuvertüre
125 g Butter
1/2 TL Weinstein-Backpulver
120 g geröstete, grob gehackte
Walnüsse
Mark von 1/2 Vanilleschote
Abrieb von 1 Bio-Orange

Die Nüsse im Rohr bei 180 °C rund 5–10 Minuten rösten und grob hacken.

Zucker mit Eiern, Vanillemark und Orangenabrieb schaumig schlagen. Die Butter schmelzen und die Kuvertüre darin auflösen. Nun die Butter-Kuvertüre-Mischung unter die Eier rühren. Das Vollkornmehl, die Nüsse und das Backpulver einrühren.

Ein tiefes Backblech mit Backpapier belegen und den Teig einfüllen.

25 Minuten bei 180 ° C backen, sodass der Teig innen noch cremig bleibt. Anschließend kleine Quadrate ausschneiden.

vegetarisch

Melonen-Erdbeer-Salat mit Puy-Linsen

Zutaten:
250 g Zuckermelone
200 g Erdbeeren
1 Limette
2 TL feiner Rohrzucker
50 g getrocknete Puy-Linsen
1 kleine rote Chili
1 Zweig Minze
Mark von 1/2 Vanilleschote

Linsen in der 3-fachen Menge Wasser weich kochen. Auskühlen lassen und abseihen.

Melone schälen und entkernen. In mundgerechte Würfelchen schneiden. Limettensaft auspressen und mit dem Zucker verrühren. Vanilleschote auskratzen. Chili entkernen und fein hacken. Chili und Vanillemark in den Limettensaft einrühren. Minze waschen, die Blätter abzupfen und in feine Streifen schneiden.

Erdbeeren waschen und die grünen Stiele entfernen. Je nach Größe halbieren oder vierteln. Nun alles vorsichtig vermengen und mit dem Limettensaft marinieren.

Mit Minze und Chili dekorieren und servieren.

Waldviertler Dinkel-Mohnnudeln

Zutaten:
500 g mehlige Kartoffeln
20 g Butter
120 g Dinkelmehl
40 g Dinkelgrieß
1 Eidotter (Eigelb)
200 g gemahlener Waldviertler Graumohn
30 g Butter
4 TL Staubzucker
1/2 Vanilleschote
1 Schuss Rum

Kartoffeln weich kochen. Heiß schälen, ausdampfen lassen und durch eine Kartoffelpresse pressen. Mit Mehl, Grieß und dem Dotter schnell zu einem Teig kneten. Aus diesem Teig Nudeln wutzeln.

Die Nudeln in kochendes Wasser einlegen und knapp unter dem Siedepunkt warten, bis sie an der Oberfläche schwimmen. Abschöpfen und abtropfen lassen.

Butter schmelzen und den Graumohn, Staubzucker, das Mark einer halben Vanilleschote und einem Schuss Rum verrühren. Die abgetropften Erdäpfelnudeln darin wälzen und heiß servieren.

vegetarisch

Quinoa-Apfel-Auflauf mit Rosinen

Zutaten:
300 g Quinoa
600 ml Sojamilch
100 g Vollrohrzucker
5 Eier
3 Äpfel
2 Handvoll Rosinen
1 Prise gemahlener Zimt
1 Bio-Zitrone
Sonnenblumenöl für die Form

Quinoa in der Sojamilch weich kochen oder dämpfen, bis die gesamte Flüssigkeit aufgesogen und das Quinoa weich ist. Etwas überkühlen lassen.

Äpfel schälen, Kerngehäuse entfernen und in kleine Würfel schneiden.

Eier in Eidotter (Eigelb) und Eiklar (Eiweiß) trennen. Dotter mit dem Quinoa verrühren. Apfelstücke, Rosinen, Zimt und etwas Abrieb einer Zitronenschale beifügen. Den Zucker mit dem Eiklar aufschlagen und unter die Masse heben. Nun alles in eine mit Öl gefettete Form füllen und im vorgeheizten Backrohr bei 170 °C 30 Minuten backen. Warm servieren.

vegan ✓
laktosefrei ✓
glutenfrei ✓

Dinkelpalatschinken mit Pinenkernen und Honig-Früchten

Zutaten:
250 ml Sojamilch
2 Eier
100 g Dinkelvollkornmehl
Obst der Saison
50 g Pinienkerne
50 g Honig
Sonnenblumenöl zum Herausbraten

Alle Zutaten zu einem glatten Teig rühren und 5 Minuten ruhen lassen. Öl in der Pfanne erhitzen und den Palatschinkenteig portionsweise eingießen. Die Palatschinke umdrehen und auf beiden Seiten goldgelb braten.

Das Obst schälen, gegebenenfalls in Scheiben schneiden und in der Pfanne kurz erwärmen bzw. braten. Mit Honig übergießen.

Palatschinken mit dem Honig-Obst füllen, mit gehackten Pinienkernen bestreuen und in Viertel falten oder zusammenrollen.

Ulli Goschler im Kneipp-Verlag

Ulli Goschler
Das Dampfgar-Kochbuch
70 schlanke Genussrezepte für die ganze Familie

120 Seiten, farbig, Softcover
ISBN 978-3-7088-0574-0
EUR 12,99

Dampfgaren liegt inzwischen voll im Trend und wird sich langfristig genauso wie die Mikrowelle etablieren. Ulli Goschlers Bestseller-Kochbuch liefert zahlreiche Rezeptideen für Menüs, die komplett aus dem Dampfgarer kommen. Aus dem Inhalt: Was bedeutet schlanke Küche und wie bereitet man Speisen kalorienarm zu? Welche Nahrungsmittel eignen sich besonders für den Dampfgarer? Was bedeutet Combi-Dämpfen und welche Gerichte kann man damit zubereiten? 70 erprobte Rezepte von Suppen, Eintöpfe, über Fisch & Fleisch, Beilagen, Desserts bis Säfte und Eingemachtes. Jetzt im handlichen Sonderformat!

Ulli Goschler im Kneipp-Verlag

Christine Egger, Ulli Goschler

Anders backen
Gesunde Alternativen zu Weißmehl und weißem Zucker

132 Seiten, farbig, Hardcover
ISBN 978-3-7088-0595-5
EUR 17,99

Spitzenpatissière Christine Egger und Ernährungsberaterin Ulli Goschler zeigen mit diesem alternativen Backbuch, wie sich süße Genüsse und eine gesunde Ernährung vereinen lassen. Verwendet werden beispielsweise alte Getreidesorten wie Emmer, Einkorn und Dinkel sowie Zuckeralternativen wie Stevia, Birkenzucker, Melasse, Honig oder Malz. Mehr als 60 verführerische und erprobte Backrezepte: Torten, Kuchen, Aufläufe, Strudel, Brownies, Weihnachtsbäckerei u.v.m.

Ulli Goschler, Anita Frauwallner

Kochen für einen gesunden Darm

132 Seiten, farbig, Hardcover
ISBN 978-3-7088-0580-1
EUR 17,99

In diesem Koch- und Gesundheitsbuch zeigen Darmgesundheitsexpertin Mag. Anita Frauwallner und Ernährungsberaterin Ulli Goschler, wie genussvolles Essen unsere Darmgesundheit erhalten und sogar verbessern kann. Mehr als 50 kreative, schmackhafte und einfach nachzukochende Rezepte und stärkende Gerichte bei Verstopfung, Durchfall oder Darmträgheit – gluten-, laktosefrei oder histaminarm.